本研究得到国家体育总局体育哲学社会科学研究项目
(1606SS11014)、上海市高峰学科Ⅰ类建设计划资助

新中国武术发展的集体记忆：一项口述史研究

戴国斌 著

人民体育出版社

作者简介

戴国斌（1963— ），男，江苏宝应人，上海体育学院中国武术研究中心教授、博士生导师。曾任上海体育学院党委（院长）办公室主任、档案馆馆长等，现任上海体育学院武术学院院长、中国武术博物馆馆长，兼任中国体育科学学会理事、中国体育科学学会民族传统体育分会副主任委员、中国武术协会常委、中国武术协会科研委员会副主任、上海市武术协会副会长、全国中小学体育教学指导委员会委员、全国学校体育联盟（武术项目）秘书长等。

少年挥汗如雨于竞技武术的训练场，获江苏省武术比赛少年拳术冠军等成绩；青年志于学，先后获华东师范大学体育人文社会学硕士学位、上海体育学院民族传统体育学博士学位，完成华东师范大学教育科学学院教育学博士后研究。

2000年以来，参与10本教材的编写以及其中5本教材的统稿、主编1本“十二五”国家级规划教材，出版2本专著，发表50余篇论文，主持并参与10余项课题研究。其中，主持了国家社会科学基金课题（重点项目、一般项目）、中国博士后科学基金、国家体育总局体育哲学社会科学研究课题、上海市哲学社会科学规划课题等研究；研究成果先后获上海社会科学界联合会（第4、7届）学术年会“优秀论文”奖（2006年12月、2009年12月）、“十五”期间国家体育总局体育社会科学研究项目二等奖（2006年9月）、上海市研究生优秀成果奖暨全国百篇优秀博士论文入围奖（2007年12月）、上海市第11届哲学社会科学优秀成果专著二等奖（2012年9月）、上海市级教学成果奖一等奖（2010年1月、2014年6月）。

序 言

为了总结以“增强人民体质”作为政治使命的新中国武术运动的发展，本书从大众视野出发，运用口述历史的方法，于2010年1月—2012年11月间，分四个阶段对“武术锻炼者、武术知青、武术教改师生、外国人”四类人群79人进行了94次访谈，并以口述资料与文献资料的互证，探究人们对新中国武术发展的集体记忆。

1. 大众武术锻炼简史大致可分为四个阶段。一是在武术锻炼增强了基本活动能力之后，将武术锻炼制度化；二是在坚持武术锻炼中，增强了体质，提高了免疫力；三是在武术锻炼与医学治疗的结合中，减轻了病症，迈步康复之旅；四是在收获身体健康的同时，促进了社会交往，改善了精神面貌，恢复了正常人的意识和形象。

2. 武术知青以武术一技之长的人生奋斗史大致可分为三个阶段。一是以武术锻炼应对上山下乡后的失落和绝望；二是在“武术即功夫”的社会认知作用下武术知青赢得了更多社会关注，并通过“进宣传队、代表乡镇参加武术比赛、成为队长”改变了农村生活的境遇；三是在武术人身份认同的作用下，以吃苦耐劳的表现赢得了广泛好评，并在推荐上大学中成为工农兵学员、在推荐招工中成为工人、在恢复高考后成为大学生，而最终改变了自己的命运。

3. 在20世纪80年代探索“男拳女舞”教改的育才中学，其师生对当年“男拳”教改记忆有五部分内容。一是因体育对学生健康的重要作用而实施“每天一节体育课”教改，因武术可用作学生的终身锻炼而将武术作为体育教改的组成部分——以2节大课上体育课（55分钟）、4节小课（30分钟）上武术课；二是利用“聘请、抽调外校武术教师，本校教师进修，实习教师与学生助手”等渠道解决其武术教改的师资问题；三是以“初级长拳、刀术、剑术以及功力拳、规定华拳、简化太极拳”作为校本课程；四是以“范、明、严、复、美”五字诀构建武术教学新模式；五是从“武术课间操、武术协会、武术训练队”等渠道组建了全面立体的武术课外活动系统。

4. 外国人对中国武术的集体记忆由二部分内容组成文化的记忆，一是从技术层面将中国武术视为一种搏击术，二是从理论层面将中国武术视为蕴含中国哲理的身体实践。

5. 新中国武术发展的集体记忆，通过对不同个体记忆的收容、整合、改编而抽象集体的共性，表征家族的相似性，并以“大众的健康记忆、知青的抗争记忆、师生的教育记忆、外国人的文化记忆”等交汇成新中国武术发展集体记忆的“七彩光谱”。新中国武术发展的集体记忆，不仅以过去意义的分享而关联过去、现在、未来，而且也用不同表象的共性关联个体。新中国武术发展集体记忆的社会框架是

"病夫的抗争"，在国家将新中国武术运动定位为"增强人民体质"之后，人们从这一社会框架形成了各自不同的身心体验，贡献于新中国武术发展的集体记忆。

目 录

导 论

一、选题背景

近代以来，“病夫”成为徘徊在中国人尤其是社会精英头顶上空挥之不去的阴云，不仅引发了近代社会精英对国民身体的改造❶，而且也成为新中国国家领导人对体育工作的政治期待。1952 年 6 月，毛泽东以“发展体育运动，增强人民体质”题词为共和国体育工作确立了方向；1952 年 11 月，成立中央人民政府体育运动委员会，任命贺龙为主任（1954 年 8 月，出任国务院副总理；1965 年，第 3 届全国人民代表大会再次被任命为国务院副总理、国家体委主任、中华人民共和国国防委员会副主席），作为共和国总理的周恩来不仅关心体育工作，经常到现场看比赛，详细询问运动队情况，亲自过问中印排球赛、中匈足球赛等对外友谊赛❷，

❶戴国斌. 武术：身体的文化［M］. 北京：人民体育出版社，2011：48-81.

❷中共中央文献研究室. 共和国体育：110 位见证者访谈［M］. 贵阳：贵州人民出版社，2008：11.

而且与毛泽东一起启动了“乒乓外交”[1]。肩负着“摘掉病夫帽子”政治使命的新中国武术事业也取得了世人瞩目的成绩。

第一，竞技武术蓬勃发展。在民国武术竞技化“比打”与“比演”两条道路抉择与斗争后[2]，新中国武术运动先是从规范技术、创编新型套路、构建身体训练系统、组建竞技化组织系统、制定竞赛规则等建构了套路竞赛系统[3]，随后从“探索技术与训练方法、完善规则、创建赛制”等构建了散打竞赛系统[4]。**第二，群众武术有声有色。**创编了简化太极拳，习练者达几千万人，传播100多个国家[5]；木兰拳由原先数人习练的拳种发展到百万娘子军，由原先地方性拳种变为流传全国、波及30个国家地区的第130个拳种[6]；在刘贵珍气功疗法得到社会承认后[7]，马礼堂养气功举办70多

---

❶周溢潢．中美乒乓外交背后的毛泽东［J］．北京档案，2004（12）：34-35．李永安，张瑛秋．乒乓外交的文化分析［J］．体育文化导刊，2012（1）：139-141．

❷戴国斌．乌托邦：武术技击的理想［J］．体育与科学，2005（3）：10-14．

❸戴国斌．武术的文化研究［D］．上海体育学院博士论文，2005．武术的文化生产［D］．华东师范大学博士后研究报告，2008．龚茂富．新中国武术发展的演进与思考［J］．成都体育学院学报，2009（8）：5-28．

❹李风雷，易剑东．新中国武术运动的发展［J］．体育文史，1998（6）：47-48．

❺邢树强．太极拳产业化发展的对策研究［J］．北京体育大学学报，2005（2）：184-186．

❻马笑红，郑宪．统帅百万大军的木兰拳王应美凤［J］．中华儿女（海外版），1997（3）：65．

❼余志超．新中国气功事业的开拓者［J］．中国气功科学，1999（10）：19．

期、30000 多人参加学习班[1]，大雁功习练者 200 余万人，鹤翔庄气功练习人近千万人[2]。**第三，民间武术的挖整和保护声势浩大。**根据 50 年代初贺龙提出的发掘整理武术遗产，于 1979 年 1 月，国家体委下发《关于发掘整理武术遗产的通知》，不仅将 50 年代部分专业人员的学术研究转变为 80 年代全国范围有计划的“挖整”活动，而且于 1983 年至 1986 年间发动了除台湾、西藏以外的 28 个省区市 7814 人，寻访了 14881 位拳师，整理了“源流有序、拳理明晰、风格独特、自成体系”的 129 个拳种，编写地方拳械录 651 万字，技术录像 394.5 小时，收集 482 本捐献的文献资料、392 件古兵器、29 件武术历史实物[3]。在非物质文化遗产运动中，1983—1986 年间组织民间武术申报非物质文化遗产（当前已公布的四批次国家级非物质文化遗产名录中有 38 项、22 人传统武术名录），也初步建立涵盖国家级、省级非物质文化遗产网站、专题数据库的非物质文化遗产数字化网络服务体系，先后建成中国武术博物馆（2005）、中国太极拳博物馆（2009）等。**第四，武术教育稳步推进。**1956 年，教育部颁发第一部全国通用《中、小学学校体育教学大纲（草案）》将武术列入其中[4]；1957 年，一些体育学院和师范

---

[1] 林统．华夏智能气功中心举行建校十周年庆典［J］．中国气功科学，1998（12）：30.

[2] 冀寿康．中国气功史料初辑［M］．北京：人民体育出版社，1998：7.

[3] 赵双进．对八十年代武术工作的回顾与随想［J］．体育文化导刊，2003（3）：64-68.

[4] 昌沧．武术进中小学难在哪［J］．体育文化导论，2003（2）：22-23.

学院体育系把武术列入教学计划[1]；1961年，教育部修订的《教学大纲》，将武术作为民族传统体育的重要内容，武术被列入同年编订出版的《全国大、中、小学体育教学大纲》（规定教学学时，确定了各自的教学内容）[2]；随后，1978年的《十年制中、小学体育教学大纲》、1987年十二年制《中、小学体育教学大纲》、1993年九年义务教育《体育教学大纲》、2001《体育与健康教育大纲》充实了武术教学内容[3]、2013年教育部将武术作为全国中小学体育教学改革的内容之一[4]。**第五，武术文化传播持续强化。**1956年，周总理向越南主席胡志明介绍了中国盛行的太极拳，并派顾留馨教授太极拳[5]；1959年，周总理接见日本自民党顾问松村谦三，答应其学习太极拳的要求，指派李天骥教授太极拳[6]。1960年，中国青年武术队随中国体育代表团赴捷克斯洛伐克参加该国第2届全运会“友谊晚会”表演；同年年底，中

---

❶戴国斌．武术的文化生产［D］．上海：华东师范大学博士后研究报告，2008：95.

❷李干奇．学习中小学体育教学大纲的初步体会［J］．体育教学与训练，1978（3）：31.

❸刘鹏．亟待加强的中学武术教学［J］．中华武术，1991（4）：21-22．王岗．重构学校武术教育体系必须强化［J］．学科意识，2009（1）：3-5.王占春．谈谈我国中小学体育教材的建设［J］．学校体育，1983（1）：87.

❹赵光圣，戴国斌．我国学校武术教育现实困境与改革路径选择——写在“全国学校体育武术项目联盟”成立之际［J］．上海体育学院学报，2014（1）：84-88.

❺顾留馨．太极拳漫话［J］．新体育，1979（12）：31-33.

❻赵新华．武坛耕耘五十秋——记武术家李天骥［J］．中华武术，1985（5）：4-5.

国武术队随周恩来总理率领的访缅友好代表团赴缅甸做了巡回表演。1974年6月，中国武术代表团应邀出访了墨西哥、美国；同年9月，中国少年武术代表团应邀访日[1]。70年代末，武术界萌生“把武术推向世界”话题，1982年12月，全国武术工作会议将其成为集体意向、国家行为，明确了积极稳步地“把武术推向世界”的工作目标；随后以“组合拳”打开了武术国际化的局面，1984年4月举办武汉国际太极拳邀请赛，1985年8月举办第1届国际武术邀请赛，1987年成立亚洲武术联合会（当时11个国家），并在相继成立“南美武术功夫联合会”“非洲功夫联合会”后，于1990年在北京成立国际武术联合会（当时会员国38个），1990年成立国际武术联合会、1991年举办第1届世界武术锦标赛、1993年第2届世界武术锦标赛将散手也列为正式比赛项目[2]，此外还举办了“中国功夫和泰国职业泰拳争霸赛”（2001年9月8日北京工人体育场、23日广州新体育馆、12月5日泰国曼谷皇家田广场、2002年5月4日澳门）[3]，以及与美国自由搏击和职业拳击[4]、韩国的跆拳道和

[1] 国家体委武术研究院. 中国武术史［M］. 北京：人民体育出版社，1997：455.

[2] 国家体委武术研究院. 中国武术史［M］. 北京：人民体育出版社，997.9：442. 赵双进. 对八十年代武术工作的回顾与随想［J］. 体育文化导刊，2003（6）：63-64.

[3] 黄帝全，陈小军. 中国散打与泰拳比较研究［J］. 广州体育学院学报，2002（4）：90-93.

[4] 鲁志文. 对中国武术散打与美国拳击对抗的研究［J］. 四川体育科学，2004（3）：93-95.

日本自由搏击的竞技[1]，快步走向了世界[2]。

可见，以新中国武术发展为题，总结新中国武术发展“增强人民体质”的作用，发现武术传播的文化窗口，是进一步推动全民健身的需要，也是建设体育强国的重要组成部分。

二、文献综述

（一）武术发展的研究

1. 竞技武术发展研究

第一，竞技武术竞赛规则演变。首先，针对新中国成立后武术套路竞赛中存在的“性别不同，年龄大小，动作多少，难度高低”等问题，第一部武术竞赛规则分别用“男女分组比赛”、以“四路查拳为蓝本确定了套路的动作数”、以“四路查拳演练时的时间确定了武术套路竞赛的时间限制”、以“动作类型的规定（如腾空飞脚、旋风脚等）确定了武术套路比赛的基本难度”，奠定了现代武术套路竞赛的基础与发展模式[3]。后经 1960 年第二版、1972 年第三版、1979 年

❶王静. 中日散打搏击对抗赛中国队实力占优［N］. 中国体育报，2007-12-17（4）.

❷漆振光，赵光圣. 散打国际化研究［J］. 体育文化导刊，2010（9）：128-131.

❸戴国斌. 中国武术的文化生产［M］. 上海：上海人民出版社，2015：138.

第四版、1984年第五版、1991年第六版的不断“修补”，在1996年第七版的武术套路竞赛规则定型、完善为“分块打分”与增加“指定动作”、建立竞赛监督委员会以及列出详细的“主要项目动作规格、演练水平的常见错误和扣分标准”等[1]，2002年“规则”（试用版）增设“兴奋剂检测”条款、可配音乐、难度动作等内容[2]，完善了武术套路“体育竞技化”制度[3]。其次，武术散打规则，历经1980年的“征求意见稿”到1982年“初稿”，确定了“擂台赛形式”，奠定了散打运动竞赛规则的基础[4]。1990年“散打规则”正式出版，规定“头部不得连击，不仅拳可重击，腿法也可击头”。1996年第二版“规则”增设“鼓励使用新技术，增加读秒，取消后倒地者以及抱住2秒钟后摔倒对方得分”等内容。1998年第三版“规则”与国际接轨的特点，增加3分动作，鼓励运动员向技术型方向发展。2004年第四版与2011年第五版“规则”的修订，有利于保护运动员安全、技术发展和裁判员执裁的方向演进，以及减少对峙和消极搂抱、提高比赛拼打节奏和激烈程度、优化拳腿摔三大技术结

[1] 张茂林，冯瑞，桑全喜．武术套路竞赛规则的演变及其对武术发展的影响［J］．体育学刊，2006（1）：78-81.

[2] 刘同为．武术套路竞赛裁判操作指南［M］．北京：人民体育出版社，2008：2-9.

[3] 方方．武术套路竞赛规则的回眸与思考［J］．成都体育学院学报，2011（2）：71-74.

[4] 黄强，潘晓波．我国散打运动发展回顾与展望［J］．体育文化导刊，2008（11）：73-75，86.

构的均衡发展[1]。自此，散打竞赛规则逐渐完善、定型。

第二，竞技武术科学化训练。首先，新中国成立后在建构武术套路身体训练系统之后[2]，还从“运动员竞技状态”与“技术规格”“生理机制”等方面进行了长期系统的研究。人们认为，“运动员竞技状态”的调整特征为“强度是核心”“重视专项运动成绩”“训练表现”和“非常重视心理调控”[3]；竞技武术套路运动的“生理机制”是以“无氧糖酵解供能”为主的大强度运动[4]、以无氧和有氧两种代谢能力评价运动员体能水平[5]；面对比赛状态焦虑[6]，可以“认知—情感调控”“模拟应激”“放松”与“控制点”等训练法可以改善赛前情绪状态及临场应激应对方式[7]；也运用力学分析了“旋子转体 720°”“旋风脚 720°”“空翻跌叉”

---

❶周小青，张冬琴. 新竞赛规则下散打技术的运用特点及发展趋势研究［J］. 北京体育大学学报，2011（9）：142-144.

❷蔡龙云. 武术运动基本训练［M］. 上海：上海文艺出版社，1958（1963）：序言 1-2.

❸魏真. 武术套路教练员竞技状态调控方法的特征［J］. 天津体育学院学报，2010（6）：551-552.

❹邱丕相. 对竞技武术运动员负荷强度与耐力水平的分析研究［J］. 体育科学，1991（4）：29-34.

❺潘冬. 武术运动员的能量代谢特点及其生理生化测评［J］. 武汉体育学院学报，2000（4）：45-47.

❻姜霞. 优秀武术套路运动员比赛状态焦虑及影响因素研究［J］. 西安体育学院学报，2009（5）：634-637.

❼骆红斌，林小美. 武术运动员赛前情绪及临场应对方式的研究［J］. 中国体育科技，2006（6）：89-93.

等高难动作的“旋转速度”❶“起跳方式与速度的关系”等❷。其次，探索了武术散打技术“踢、打、摔三位一体”❸的“远踢近打贴身摔”技术体系，认为以主动进攻为主的拳腿组合技术的“攻防转换能力强”与重点发展“接腿摔”技术的发展的趋势❹，期望将“传统武术技击术运用到散打中去”❺，建议整合“中国式摔跤、柔道、空手道”等项目的相关技术完善散打的贴身摔技术❻，在“从减少力作用时间、提高接触前打击环节速度、增加打击环节质量”❼等分析了侧踹腿技术的“预踹、踹击、回收”动作环节的技术质量之后❽，认为要围绕散打运动的竞技核心能力培养“进攻能力、

❶朱东，郭志禹. 竞技武术 C 级跳跃难度的运动学特征研究［J］. 体育科学，2006（9）：47-50.

❷朱东，郭志禹. 武术套路跳跃中旋风脚及连接难度动作分析［J］. 上海体育学院学报，2008（1）：44-51.

❸李印东，王华锋，陈超.论实施新规则对散打技术体系的影响［J］. 北京体育大学学报，2006（10）：1424-1426.

❹周小青，张冬琴. 新竞赛规则下散打技术的运用特点及发展趋势研究［J］. 北京体育大学学报，2011（9）：142-144.

❺张智录，权黎明. 竞技武术散打运动发展现状与对策研究［J］. 中国体育科技，2003（7）：59-61.

❻李春木，曲润杰. 我国优秀散打运动员“贴身摔”实战技术运用存在的问题及解决方法［J］. 武汉体育学院学报，2010（3）：61-64.

❼毛瑞秋. 优秀散打运动员侧踹腿技术的运动力学特征分析［J］. 河北体育学院学报，2010（4）：68-70.

❽李宏昌，金燕. 提高散打侧踹腿击打力的力学理论基础及训练研究［J］. 北华大学学报（自然科学版），2008，（4）：382-384.

防守能力和攻防间的转换能力”等攻防转换能力[1]，以“高住高训低练”[2]的身体机能提高和保持赛前机能状态良好，以赛前“以爆发式为主”的力量训练[3]，“核心力量”训练[4]完善了传统的力量训练系统。

第三，武术发展的科学化。首先，要遵循“击与舞”两个方面的规律，建立“套路”与“散打”两条并行不悖的发展模式[5]。其次是竞技武术的发展。就套路而言，完善“不符合规格的错误”与“其他错误”“演练水平等级与编排错误”的演练水平以及“动作难度与连接等级”的难度内容等三大板块的判断[6]；就散打而言，一方面要体现武术散打“击必中、中比摧”[7]的特点，另一方面要从体育竞赛的安全性出发，朝着“符合奥林匹克精神、充分体现对人的生命权的尊重与保护”的“标准化”方向演进[8]。最后是武术的国

---

❶陈超，李印东，王华锋，等. 我国优秀散打运动员攻防转换分类及特点研究［J］. 北京体育大学学报，2009（10）：93-97.

❷吕韶钧，陈国荣，竺玉明，等. 高住高训低练对优秀武术散打运动员身体机能的影响［J］. 北京体育大学学报，2010（4）：56-59.

❸吴廉卿. 高水平男子散打运动员赛前力量训练［J］. 武汉体育学院学报，2007（8）：60-62.

❹周小青，张冬琴. 核心力量训练对提高散打运动员速度力量的实验研究［J］. 山东体育学院学报，2010（5）：66-68.

❺蔡龙云. 琴剑楼武术文集［M］. 北京：人民体育出版社，2007：51-57.

❻刘同为. 十运会后武术套路竞赛规则修缮刍议［J］. 搏击·武术科学，2005（12）：1-3.

❼蔡龙云. 琴剑楼武术文集［M］. 北京：人民体育出版社，2007：302.

❽石华毕. “标准化”视域下竞技武术散打技术发展窘境与改革思考［J］. 成都体育学院学报，2012（7）：64-68.

际化发展，自1982年提出“武术向外推广、走向世界”以来[1]，确立了围绕国际社会接受、进入奥运会而深化改革的工作目标。

2. 武术健康促进研究

第一，武术拳种的健身性。例如，人们运用运动生理生化等运动人体科学实验指标和方法，验证了太极拳对老年人的身心健康、人口老龄化作用[2]，认为太极拳可提高机体免疫力、改善平衡、减少老年人对跌倒的恐惧、增加肌肉强度和关节功能灵活性、提高柔韧性、改善心理健康水平和睡眠质量、加强心脏功能[3]。再如，人们也将木兰拳运动定位于中小强度运动，用科学数据论证了木兰拳对中老年妇女心血管系统功能的作用[4]。研究发现，木兰拳可提高中老年妇女心脏收缩能力[5]，降低血浆中胆固醇、甘油三酯含量和提高血浆高密度脂蛋白含量，维持血浆脂类代谢的正常水平[6]，有助于维持中老年妇女血脂正常水平，增强中老年妇女的抗

[1]邱丕相. 武术初阶［M］. 上海：上海教育出版社，2012：8.

[2]杨慧馨，虞定海. 国内太极拳健身效果和机制研究进展［J］. 中国运动医学杂志，2009（6）：717-720.

[3]赵影，虞定海. 太极拳对免疫系统影响的研究现状［J］. 中国运动医学杂志，2011（3）：312-316.

[4]郭成吉，等. 木兰拳动作特点及健身价值探析［J］. 中国临床康复，2005（8）：204.

[5]徐守清. 中老年女性练木兰拳（I路）的心电图实验研究［J］. 实验室研究与探索，2007（4）：55.

[6]张素珍，等. 木兰拳练习对女性血脂成分的影响［J］. 上海体育学院学报，1996（8）：72.

氧化能力，预防动脉粥样硬化和冠心病的发生与发展[1]，改善高血压患者病症，对高血压病患者红细胞变形能力具有积极影响，可改善高血压病患者红细胞膜脂质成分[2]。

第二，气功的健身作用。首先，人们认为气功可发挥意识的能动性作用，实现养心养身、健康体魄之功能[3]，可调节中枢神经系统和植物神经系统的功能，缓解心理压力[4]，改善大脑皮质的疲劳状态[5]，使意识进入非常宁静而愉悦的状态[6]，能形成良好的自我感受，抵制不良思想意识[7]，对治疗焦虑症具有良好作用[8]，甚至能促进残疾学生的“心理平衡”[9]，稳定吸毒者的情绪、改善吸毒者的精神状态[10]，将吸

---

[1] 谢晓菊. 木兰拳运动对中老年妇女健康状况的影响 [J]. 沈阳体育学院学报，2002（3）：77. 郭英杰. 有氧锻炼对中老年妇女抗氧化能力的影响 [J]. 沈阳体育学院学报，2002（4）：77.

[2] 陈文鹤，等. 木兰拳练习对女性高血压病患者红细胞变形性的影响——与红细胞膜脂质成分关系的初步研究 [J]. 上海体育学院学报，2002（2）：30.

[3] 石荣群，等.健身气功与现代心理治疗 [J]. 大众科技，2008（3）：20.

[4] 任颖慧，等.健身气功与现代人的心理健康 [J]. 搏击·武术科学，2006（10）：46.

[5] 刘洪福，等.健身气功·八段锦对医学院校大学生心境的影响 [J]. 医学与社会，2007（11）：87.

[6] 张彩琴. 健身气功健心机制初探 [J]. 山东体育学院学报，2008（4）：58-59.

[7] 顾一煌，等. 健身气功锻炼提高心理健康作用的研究分析 [J]. 中外医疗，2008（30）：7.

[8] 单怀海，等. 放松功治疗焦虑症 8 例疗效观察 [J]. 气功，1987（2）：60.

[9] 刘洪福，等. 浅论健身气功对医学院校残疾学生身心健康的促进作用 [J]. 西北医学教育，2009（4）：769.

[10] 蓝晟. 智能气功斩毒瘾 [J]. 三月风月刊，1998（4）：43-44.

毒者的灵魂“从地狱里解救出来”[1]。其次，人们研究发现，气功对中老年女性的腰围、收缩压、舒张压、脉搏、WHR、握力、肺活量有显著性改善[2]，可以通过控制呼吸调节植物神经平衡，进而调节物质代谢水平、改善脂质代谢状况[3]，可激活脑神经细胞，减缓老化，具有益智作用[4]，可提高中老年人的注意力，具有健心效果[5]。最后，研究表明，气功对慢性病的治愈有效率88.7%；并借助患者自身对比发现，气功疗效优于单纯药物治疗[6]；可以降低糖尿病患者的血糖[7]；可促进和改善微循环功能，增加组织血流量，使血压下降[8]；对血脂异常患者有显著的调脂作用，可有效降低心血管疾病的发病危险[9]；促进脑瘤患者康复[10]，帮助肺癌患者重返工

❶董彬，等. 气功把我们从毒品中拯救出来［J］. 气功与科学，1997（10）：14.

❷崔永胜，虞定海. “健身气功·五禽戏”锻炼对中老年女性身心健康的影响［J］. 北京体育大学学报，2004（11）：1504-1506.

❸虞定海. 6个月健身气功·五禽戏锻炼前后中老年人脂代谢变化［J］. 中国运动医学杂志，2008（5）：611.

❹宋修亭. 气功能益智——从我的亲身经历谈起［J］. 气功，1987（4）：20.

❺陈秀英，等. 六个月“健身气功·五禽戏”锻炼对中老年人注意力集中能力的影响［J］. 北京体育大学学报，2006（10）：1362-1363.

❻刘思萱，等. 气功治疗292例慢性病疗效分析［J］. 中华气功，1985（2）：11-13.

❼朱育梅. 气功穴位按摩治疗糖尿病二十例疗效观察［J］. 中华气功，1985（2）：14-15.

❽林孔贻. 习练香功的降压作用［J］. 气功与科学，1997（7）：23-24.

❾李兆伟. 健身气功·五禽戏对血脂异常患者干预作用的研究［J］. 广州体育学院学报，2009（4）：99.

❿陶冰. 医生问他：你怎么活下来了［J］. 中华气功，1991（1）：41.

作岗位[1]，使良性肿瘤患者免于手术[2]，乳腺癌增生病患者结合气功锻炼的中药治疗比单纯中药治疗效果更佳[3]。

3. 武术教育研究

第一，建构课程系统。关于武术课程的资源，应发掘传统武术资源[4]，结合本地特色，如广东福建的南拳、山东的螳螂拳、河南的少林拳、西北的翻子劈挂[5]；可将段位制引入学校教育教学实践，而有助于规范学校武术教学内容，促进学校武术教育的有效开展[6]。对武术教学内容的选择上，一方面应坚持学生中心，以“幼儿的象形拳、少年的二节棍、青年的散打”为主线[7]，编写与开设时间短、见效快的内容（如 8 式、16 式太极拳）[8]；另一方面应坚持学科中

[1] 高文彬. 新气功治癌［J］. 中华气功，1984（3）：42.

[2] 许朝瑛. 练功肿瘤消咽喉免开刀［J］. 中华气功，1991（1）：42.

[3] 尉静，等. 气功结合中药治疗乳腺增生病 115 例临床观察［J］. 气功与科学，1997（7）：24.

[4] 邱丕相. 全球文化背景下民族传统体育发展的思考［J］. 体育科学，2006（8）：64-65.

[5] 邱丕相. 从历史与现状探析民族传统体育学科的发展［J］. 体育学刊，2008（2）：91-94. 徐海朋. 高校武术教学改革走向研究［J］. 搏击·武术科学，2008（9）：67.

[6] 洪浩. 武术段位制引入中小学教学必要性研究［J］. 北京体育大学学报，2010（7）：115-118.

[7] 戴国斌. 中国武术的文化生产［M］. 上海：上海人民出版社，2015：176.

[8] 郭玉成. 跆拳道、空手道、柔道传播对武术传播的启示［J］. 上海体育学院学报，2004（4）：46.

心，选择代表性的拳种，如太极拳、少林拳、象形拳等❶。对武术教学模式，一方面可形成“淡化套路，提倡攻防”的武术教育新系统❷；另一方面也以“武术礼仪和武德、武术文化教育、武术基本动作和基本功、武术套路、武术格斗”等作为学校武术教学的内容❸。

第二，完善武术教学。首先，《新体育》编辑（1959年）建议以教研活动为载体提高教师武术教学能力❹。其次，人们认为不应将武术训练要求迁移到课堂❺，可采用“四面示范”“八方领做”“三法教法”提高教学水平❻，将武术的技术教学上升到文化教育❼，通过发挥学生主动性、增进

❶李小芳，王明伟．在学校开展全面的武术教育迫在眉睫［J］．搏击·武术科学，2008（1）：70-71.

❷邱丕相．武术文化传承与教育研究［M］．北京：高等教育出版社，2011：170．蔡仲林，施鲜丽．学校武术教学改革的指导思想——淡化套路、突出方法、强调应用［J］．上海体育学院学报，2007（1）：62-64．翟少红．试论中小学武术教学改革的出路［J］．中国体育科技，2005（6）：82-83.

❸赵光圣，戴国斌．我国学校武术教育现实困境与改革路径选择——写在“全国学校体育武术项目联盟”成立之际［J］．上海体育学院学报，2014（1）：85-86.

❹编辑．提出改进教学十好措施［N］．体育报，1959-04-13（2）.

❺康戈武，邱丕相，戴国斌．从文化好奇到文化战略［J］．体育文化导刊，2004（6）：12.

❻昌沧．鞭五十载奋笔写拳经——记老武术家温敬铭教授［J］．中华武术，1984（6）：6.

❼邱丕相．武术文化传承与教育研究［M］．北京：高等教育出版社，2011：91．石华毕，翟少红．学校武术的教育性与开展形式的反思［J］．西安体育学院学报，2010（3）：336-340.

师生互动、运用多媒体教学，提高武术教学效果[1]。最后人们建议，应探索“趣味引导，套路与格斗随行，礼仪与武德始终，功力自修，展演激励”立体化教学新模式[2]；可利用青少年动漫拓展武术教育阵地，让学生在动作库的组合中体验套路的创编，在玩中学[3]。

第三，凸显教育价值。围绕“国际化”和“民族化”[4]，一方面挖掘整理武术中爱国主义素材，将“尚武精神与爱国主义”相结合，增强学生身心素质、传统礼仪、民族精神等文化内涵[5]，建立起与新的武术教学模式相应的武术的伦理道德教育体系和武术的文化鉴赏体系[6]；另一方面，强调武术传播的国际视野，主动汲取外国文化精华[7]，发挥武术的

❶王振华．武术专项课的组织教学方法［J］．学校体育，1985（5）：27．蔡仲林．试论学校武术教学研究现状和发展趋势［J］．广州体育学院学报，2005（3）：10-12．刘志珍．初级剑的教学方法［J］．学校体育，1984（2）：31．于春岭，毕秀淑．利用前排效应提高武术课差生成绩［J］．中学学校体育，2002（1）：17．

❷赵光圣，戴国斌．我国学校武术教育现实困境与改革路径选择——写在“全国学校体育武术项目联盟”成立之际［J］．上海体育学院学报，2014（1）：86-87．

❸戴国斌．中国武术的文化生产［M］．上海：上海人民出版社，2015：176．

❹《关于学校武术教育改革与发展的研究》课题组．我国中小学武术教育状况调查研究［J］．体育科学，2009（3）：82-89．

❺黎桂华．我国青少年武术教育现状的调查研究［J］．武汉体育学院学报，2009（9）：65-68．

❻康戈武，邱丕相，戴国斌．文化好奇到文化战略［J］．体育文化导刊，2004（6）：12．

❼李龙，虞定海．全球化时代中国武术教育发展的思考［J］．上海体育学院学报，2009（4）：81-84．

中国文化载体作用，通过武术传播中国文化[1]。

第四，现状的调查。武术教育多是“教材中有，课上无”，而学生则“喜欢武术，不喜欢武术课”，一些大城市学校和学生热衷于跆拳道、空手道等国外武技[2]。国家体育总局武术运动管理中心为期两年的全国中小学武术教育现状调查研究表明，在中小学教学计划中作为教学内容的高达84%，但完成任务者不到20%[3]。课堂未能完成帮助学生体验武术、了解武术（27.1%）的教学任务，学生大都还是通过武打片（87.4%）和武侠小说（46.5%）了解武术[4]。

4. 武术传播与国际化研究

第一，作为外交手段，我国领导人将武术作为体育外交的组成部分。在20世纪60年代前后多次组织武术团队出访表演，“足迹遍及五大洲，既履行了体育外交的义务，同时也向世界传播了武术。”[5] 1974年6月应邀去美国，中国武

---

[1] 邱丕相，戴国斌．弘扬民族精神中的武术教育［J］．哈尔滨体育学院学报，2005（4）：1-3．

[2] 邱丕相，戴国斌．弘扬民族精神中的武术教育［J］．哈尔滨体育学院学报，2005（4）：3．邱丕相．武术文化与教育研究的当代意义［J］．体育科学，2005（2）：封三．翟少红．试论中小学武术教学改革的出路［J］．中国体育科技，2005（6）：23．

[3] 戴国斌．武术的文化生产［D］．上海：华东师范大学博士后研究报告，2008：2．

[4] 邱丕相．我国中小学武术教育状况调查研究［J］．体育科学，2009（3）：82-85．

[5] 国家体委武术研究院．中国武术史［M］．北京：人民体育出版社，1997：455．

术代表团全体成员在白宫受到尼克松接见，在国际上产生了强烈的反响；同年9月，又应邀访问日本，增进了两国人民的友谊[1]。

第二，作为工作目标，武术界于20世纪80年代将“走向世界”作为工作目标。在70年代民间呼吁“把武术推向世界”之后，1982年12月，全国武术工作会议就“立足国内，积极稳步地向国外推广”达成共识，将其称为国家武术工作的目标[2]。1994年12月，张耀庭在全国武术训练工作会议上讲话时指出，要在国际武术竞技活动中保持技术上的领导权和主动权，当好国际武术的“领头羊”[3]。李杰提出，要将武术作为文化的一部分，不断提高武术与世界文化的交融[4]。王筱麟则将武术的国际化看作武术可持续性发展的重要方面[5]。高小军将推动武术段位的国际化发展作为武术国际化的内容[6]。如今，“武术国际竞赛已初具规模，并具有了一定的影响力，有国际武术联合会组织的世界武术锦标赛、世界杯散打比赛、世界传统武术节、世界青少年武术锦

---

❶国家体委武术研究院．中国武术史［M］．北京：人民体育出版社，1997：455．

❷赵双进．对八十年代武术工作的回顾与随想［J］．体育文化导刊，2003（6）：63．

❸张耀庭．当前武术发展中若干问题的思考［J］．中华武术，1995（2）：4-7．

❹李杰．武术与奥运会［J］．体育文史，2000（5）：8-9．

❺王筱麟．加强武术科研 促进武术发展——《武术研究》序［J］．中华武术，2005（7）：6．

❻曹彧．2012年全国武术段位制工作会议于8月16日在京召开［EB］．http：//sports.sina.com.cn．2012-08-23．

标赛，还有如亚运会、东南亚运动会、东亚运动会、南亚运动会、世界运动会、世界传统运动会、世界武搏运动会 7 个国际综合性运动会中设立的武术比赛”[1]。

第三，作为研究对象，人们深化了对武术的认识。国际的视野使武术成为与世界关联的运动，1988 年中国武术协会主席徐才先生不仅提出“武术源于中国，属于世界”的口号[2]，十年后国家体育总局局长伍绍祖先生进一步指出：武术是中国的东西……和其他许许多多的精神、文化、思想财富一样，属于世界，是人类的精神、文化、思想财富[3]；而且国际化传播逐渐成为武术研究的重大课题。在武术国际化传播研究中，一方面人们分析了现状，“规范和鼓励文化资源开发与利用的政策、法规尚不完备，缺少公认的品牌，武术文化人力资源质量和结构尚有欠缺，以武术文化为主体的产业规模较小、创新不足、后继乏力”[4]，“推广的理念不清晰，缺少国际文化认同感，缺乏深入研究”[5]，“除国家推广力度不够之外，更重要的是理论研究落后于实践探索，

---

❶上海体育学院，国家体育总局武术研究院．中国武术研究——2010 年．国际传播卷［M］．北京：人民体育出版社，2010：3.

❷李成银．徐才武术发展战略观点研究［J］．武当，2003（2）：3.

❸伍绍祖．对武术及东方体育文化观的认识［J］．体育文史，1998（2）：1-6.

❹邱丕相，曾天雪，刘树军．武术发展的国际化方略探索［G］//国家体育总局武术研究院，中国体育科学学会武术分会．中国武术研究——2010 年（国际传播卷）．北京：人民体育出版社，2010：264-272.

❺上海体育学院，国家体育总局武术研究院．中国武术研究——2010 年．国际传播卷［M］．北京：人民体育出版社，2010：6.

技术推广重于文化传播”[1]，“忽略‘身体的文化主体性’构建、偏重技术的‘体育竞技化’改造是中国武术国际化传播进程缓慢的主要原因”[2]。另一方面，人们提出了国际化传播的对策，在武术国际化发展战略上，从武术文化出发，“武术多元文化价值是确立武术在世界体育中地位的基石”[3]，“武术向国际传播的过种中要保留其文化性”[4]；从国外人立场出发，“了解中国文化、锻炼身体、社会交往需要和获得格斗技能是其主要的习武动机”[5]；从中西视野出发，“从中国武术的本土文化基因中加工提炼，打造出具有普世价值的适合全球发展的转基因文化产品”[6]，“在继承和发扬优秀文化传统的基础上，把武术放在世界这个大背景下去思考，为武术事业的发展找到了一个前所未有的目标，为武术事业的发展找到了更为广阔的空间”[7]；在武术国际化发展对策上，“以国外高层人士作为点传播对象，传播和谐文

---

❶马敏跃，邹国建，胡望洋，等. 推进武术国际化发展的思考［J］. 体育科学，2004（8）：73-74.

❷孙鸿志，王岗. 中国武术国际化传播的核心问题［J］. 中国体育科技，2011（3）：80-83.

❸邱丕相. 对中国武术在世界体育中地位的透视研究［J］. 天津体育学院学报，1998（9）：61-64.

❹郭玉成. 武术传播引论［M］. 北京：北京体育大学出版社，2006：19.

❺刘学谦. 试析意、法、英、德武术人口习武动机及影响其形成的原因［J］. 北京体育大学学报，1996（4）：14-18

❻鲍磊，赵彩红.《功夫熊猫》对中国武术国际化发展的启示［J］. 武汉体育学院学报，2011（4）：62-66.

❼李成银. 徐才武术发展战略观点研究［J］. 武当，2003（2）：3.

化；以各层次人群作为面传播对象，传播健身文化”[1]；在传播方式上，可向各国培养和输送专业人才，也可以培训班、武校等为载体，以武术各门派精湛技艺为内容[2]，以国外高校和孔子学院等为载体[3]，以电子网络为媒介[4]，以影视作品为载体，以中国元素为内容[5]，全方位立体化地传播中国武术的文化形象。

5. 小结

人们从不同角度梳理了新中国武术运动的发展，总结了新中国武术运动发展的成就。但是从研究视角看，在武术健康研究中，人们选用的方法更多的是运用生理生化方法测试武术健身的效果，并因健康干预起点与终点的关注，而在一定程度上忽视了中间环节以及大众健身的具体体验（丰富的心理历程、情感体验、身体记忆）；在武术教育研究中，在以现状与对策作为研究主流的现实中，尚缺乏教师与学生视

[1] 杨建营，杨建英，郭远巧，等. 国家形象视角下的武术国际化推广研究［J］. 山东体育学院学报，2011（1）：29-34.

[2] 马敏跃，邹国建，胡望洋，等. 推进武术国际化发展的思考［J］. 体育科学，2004（8）：73-74.

[3] 杨建营，杨建英，郭远巧，等. 国家形象视角下的武术国际化推广研究［J］. 山东体育学院学报，2011（1）：29-34. 陈永辉. 中国武术国际化再认识［J］. 体育学刊，2006（5）：58-60. 马敏跃，邹国建，胡望洋，等. 推进武术国际化发展的思考［J］. 体育科学，2004（8）：73-74.

[4] 于翠兰. 互联网在武术国际化传播中的现状与对策［J］. 体育文化导刊，2005（4）：35-37.

[5] 鲍磊，赵彩红.《功夫熊猫》对中国武术国际化发展的启示［J］. 武汉体育学院学报，2011（4）：62-66.

角，淡忘了成功案例的研究；在武术传播研究中，人们较多从中国立场出发谈论“走出去”战略，缺乏对国外大众接受视野的必要考量。

可见，研究以“增强人民体质”作为其政治使命的新中国武术，要求我们本着大众的立场，从大众视野出发，运用口述史方法，以“由下而上”的民间视角丰富武术传统研究“由上而下”的国家视野，以口述方式收集的具体鲜活的个案材料、小写的历史弥补武术惯常研究宏大话语（大写的历史）的大而失当，深化武术历史研究。

（二）口述历史研究

1. 口述历史的发展

口述史[1]，就像历史本身一样古老，是第一种类型的历史（保尔·汤普逊，2003）[2]。在中国，周朝“动则左使书之，言则右使书之”（《礼记·玉藻》），孔子在《春秋》中借助口述推演了尧、舜和三皇五帝的历史[3]，司马迁作《史记》

[1] 口述史学，也称口碑史学、口头史学，就是搜集和使用口头史料研究历史的一种方法；按照国际学术界比较通行的说法，口述历史指由准备完善的访谈者，以笔录、录音或录影的方式，收集、整理口传记忆以及具有历史意义观点的研究方法（唐诺·里齐. 大家来做口述历史［M］. 王芝芝译. 台湾：远流出版公司，1997：34.）。

[2] 保尔·汤普逊. 过去的声音：口述史［M］. 沈阳：辽宁教育出版社，2000：25.

[3] 唐德刚. 史学与文学［J］. 上海：华东师范大学出版社，1999：3.

时以口述资料补充文献之不足[1]，清初顾炎武的《日知录》运用了大量口述史料[2]。在西方，马克思、恩格斯在《资本论》和《英国工人阶级状况》中引用了生动翔实的口述史料[3]，19 世纪法国史学家米什莱在《法国革命史》中援引了大量口头证据[4]，修昔底德在阐述撰写《伯罗奔尼撒战争史》的写作原则时这样说："我描写的事件，不是我亲眼看见的，就是我从那些亲自看见这些事情的人那里听到后，经过我仔细考核过了的。"[5]

但是，口述历史作为一种全新的历史实践，它吸取了社会学、人类学和民俗学等学科的研究方法，于 1948 年发源于美国哥伦比亚大学，20 世纪下半叶兴起于国际史学界。艾伦·内文斯创立了作为真正意义现代口述史研究标志的口述史研究室[6]，实施了美国总统口述历史项目，推动了美国的口述史研究[7]；1967 年，美国成立"口述史协会"[8]。70

[1]唐纳德·里奇. 大家来做口述历史实务指南［M］. 王芝芝，姚力，译. 北京：当代中国出版社，2006：3-4.

[2]周新国. 构建中国特色、中国风格和中国气派的中国口述史学——关于口述史料与口述史学的若干问题［J］. 当代中国史研究，2004（4）：101-106.

[3]杨雁斌. 口述史学百年透视（上）［J］. 国外社会科学，1998（2）：3.

[4]刘征. 口述历史及其征集方法［J］. 湖北档案，2006（6）：18.

[5]修昔底德. 伯罗奔尼撒战争史［M］. 谢德风，译. 北京：商务印书馆，1985：17-18.

[6]王小莉，等. 近五年来国内口述史学研究综述［J］. 高校社科信息，2005（6）：30.

[7]傅光明. 口述史：历史、价值与方法［J］. 甘肃社会科学，2008（1）：77.

[8]曹幸穗. 口述史的应用价值、工作规范及采访程序之讨论［J］. 中国科技史料，2002（4）：336.

年代，传到西欧甚至世界各地（如1973年英国口述史协会，1974年加拿大口述史协会，1987年在英国牛津成立的国际口述历史协会）；80年代，人们将口述史方法广泛应用于政治史、经济史、企业史、劳工史、部落史、宗教史、社会史等领域[1]。

我国口述史研究，在清朝乾隆时期“无一字无来历”的考据学中渐被遗忘[2]，20世纪梁启超和胡适注重史料的广泛性，梁启超提出口碑史料，胡适积极倡导社会名流写自传[3]，新中国建立后取得了长足发展。为了吸取历史经验教训，50年代对三大革命高潮进行了“实地调查”[4]，整理出版了重大事件和重要人物的回忆录。60年代，编撰《文史资料选辑》。70年代，各地方志和省市“厂史、家史、村史、行业史”的“四史”书籍相继出版[5]。80年代，学界译介国外口

❶杨雁斌．口述史学百年透视（上）［J］．国外社会科学，1998（2）：4．

❷荣维木．口碑史料与口述历史［J］．苏州大学学报（哲学社会科学版），1994（1）：87–91．

❸朱志敏．现代口述史的产生及相关几个概念的辨析［J］．史学史研究，2007（2）：69．

❹广西壮族自治区通志馆．太平天国革命在广西调查资料汇编［M］．南宁：广西壮族自治区人民出版社，1962：12–13．

❺张广智．“把历史交还给人民”——口述史学的复兴及其现代回响［J］．学术研究，2003（9）：101–106．

述史专著与研究[1]、与国外合作研究（1984年，美国康涅狄格大学布鲁斯·斯蒂文在北京进行的“中国城市历史和发展的口述史研究计划”[2]；1986年美国哈佛大学何海诗博士和中国史学家钟少华共同采访100多位中国老一辈生物学家，于1996年出版了《早年留日者谈日本》口述著作[3]）。21世纪，媒体发挥了推波助澜的作用，不少报刊设专栏讨论（如《光明日报》《当代中国史研究》《历史研究》《学术研究》《读书》《名人传记》等）、不少电视台设专题节目（中央电视台的《大家》、扬州电视台的《天南地北扬州人》、凤凰卫视的《口述历史》等），学界拓展了口述史研究的范围

[1] 主要著作有：P.汤普逊：《过去的声音：口头历史》（《文摘》1980年第1期）、J.托波尔斯基：《面向过去之窗：口述历史入门》（《国外社会科学》1981年第1期）、M.海德：《哲学诠释学和经历的交流——口述历史的范型》（《国外社会科学》1981年第1期）、J.怀特：《口述史》（《现代外国哲学社会科学文摘》1984年第5期）、约翰·托什：《口述的历史（第十章）》（《史学理论》1987年第4期）等。在此基础上，史学界还对西方口述史学进行了一定的评述，主要文章有：侯成德：《美国的口碑史料学三十年》（《世界史研究动态》1981年第9期）、姚全兴：《要重视国外史学方法论研究》（《史学月刊》1981年第3期）、箐舜：《口碑史学方法评析》（《西北大学学报》1986年第3期）、孟庆顺：《口碑史学略述》（《国外社会科学》1987年第1期）等，转引自徐国利，王志龙.当代中国的口述史学理论研究［J］. 史学理论研究，2005（1）：118-126.

[2] 周新国. 构建中国特色、中国风格和中国气派的中国口述史学——关于口述史料与口述史学的若干问题［J］. 当代中国史研究，2004（4）：101-106.

[3] 王炎. 海峡两岸的口述史研究与交流［J］. 扬州大学学报（人文社会科学版），2005（3）：28-33.

[1997 年张晓的《西江苗族妇女口述史研究》[1]、李小江（1992—1998 年）以 20 世纪中国妇女为对象进行了口述史研究[2]、1999 年定宜庄的《最后的记忆——十六位旗人妇女的口述历史》[3]，余未人 2001 年的《走进鼓楼：侗族南部社区文化口述史》[4]、2004 年刘小萌的《中国知青口述史》[5]等]，大学开设课程（如北京大学历史系杨立文的《口述史学课程》，刘一皋的《口述史学理论与实践》课程等[6]），并着手探索构建中国口述历史的理论和方法[7]。

2. 口述历史的意义

第一，拓展了历史研究的材料。口述史学"运用人们口头流传的历史资料来研究历史的一种方法"[8]，将口述作为获取史料的途径，以"活资料"补充了"死资料"，丰富了历史材料的来源[9]。

---

❶张晓. 西江苗族妇女口述史研究［M］. 贵州：贵州人民出版社，1997：10.

❷屈雅君. 妇女口述史国际学术研讨会评述［J］. 陕西师范大学学报，1998（4）：147.

❸定宜庄. 最后的记忆——十六位旗人妇女的口述历史［M］. 北京：中国广播电视出版社，1993：1.

❹余未人. 走进鼓楼：侗族南部社区文化口述史［M］. 贵州：贵州人民出版社，2001：7.

❺刘小萌. 中国知青史［M］. 北京：中国社会科学出版社，1998：1.

❻杨祥银. 试论口述史学的功用和困难［J］. 史学理论研究，2000（3）：37-47.

❼周新国. 中国口述史学的理论和实践［M］. 北京：中国社会科学出版社，2005：28. 杨祥银. 与历史对话——口述史学的理论与实践［M］. 北京：中国社会科学出版社，2004：36.

❽孟庆顺. 口碑史学略述［J］. 国外社会科学，1987（1）：51-55.

❾钟少华. 中国口述史漫谈［J］. 学术研究，1997（5）：46-51.

第二，丰富了历史研究的内涵。在地下之物与文献互证（王国维的“二重证据法”）基础上，亲历者的口述，不仅可以活历史补写死历史[1]，使史料更加鲜活、历史研究更加具体与生动[2]，增添历史研究的活力[3]，而且还可填补重大历史事件和普通生活经历中那些没有文字记载的空白[4]，“抢救”史料[5]。

第三，改变了历史研究的方式。现代意义上的口述历史，是录音器具发明以后，人们运用音传进而像传记载历史的新方法[6]，是对特殊记忆和生活经历的记录[7]。口述历史，不仅以“倾听”丰富了以往查阅文献的“看”，也使历史研究的钻故纸堆补充以与受访者的互动[8]，还使历史文献记载有了对“过去的声音”的保存[9]。

第四，凸显了历史研究的对象。在以往档案、文献偏重记载统治阶层、社会精英，较少记录普通民众生活（或以枯

---

❶王艳勤．中国的口述史学研究［J］．湖北大学学报，2004（9）：596.
❷刘征．口述历史及其征集方法［J］．湖北档案，2006（6）：19.
❸杨雁斌．口述史学百年透视（上、下）［J］．国外社会科学，1998（3）：3.
❹杨祥银．试论口述史学的功用和困难［J］．史学理论研究，2000（3）：39.
❺钟少华．中国口述史漫谈［J］．学术研究，1997（5）：50.
❻熊月之．口述史的价值［J］．史林，2000（3）：1-7.
❼杨祥银．试论口述史学的功能与困难［J］．史学理论与研究，2000（3）：37-47.
❽杨祥银．与历史对话——口述史学的理论与实践［M］．北京：中国社会科学出版社，2004：5-8.
❾王小莉，李飞龙．近五年来国内口述史学研究综述［J］．高校社科信息，2005（6）：30-35.

燥的统计数据掩盖了有血有肉的个案记录）之现状，以亲历者为对象的口述史，一方面将大众的历史体验作为目标，由微观折射宏观，从个人深入历史，以个人的命运折射历史的发展、研究社会[1]，而使历史成为围绕人民建构起来的自下而上的历史[2]；另一方面，亲历者的亲身体验不仅提供了生动、形象、具体的史料[3]，而且其从内心深处审视过去之法[4]，也使历史研究深入到大众的集体记忆[5]。

第五，推动了其他学科的发展。口述历史不仅推动了历史学的发展，也为其他学科的新发展输入了新鲜血液，先后推进了少数民族研究（吴正彪“黔南民族口述史歌的翻译整理与研究价值浅论”[6]）、妇女研究（李小江“女性的历史记忆与口述方法——以20世纪（中国）妇女口述史为例课题研究”[7]、张晓《西江苗族妇女口述史研究》[8]、定宜庄《最

---

[1] 杨洁．妇女口述史国际学术研讨会综述［J］．陕西师范大学学报（哲学社会科学版），1998（4）：145-148.

[2] 张广智．“把历史交还给人民”——口述史学的复兴及其现代回响［J］．学术研究，2003（9）：101-106.

[3] 陈旭清．心灵的记忆：苦难与抗争—山西抗战口述史［D］．浙江大学博士论文，2005：21-21.

[4] 庞玉洁．从往事的简单再现到大众历史意识的重建——西方口述史学方法述评［J］．世界历史，1998（6）：74-81.

[5] 王灵善．《山西抗战口述史》的新视角［J］．前进，2005（9）：55.

[6] 吴正彪．黔南民族口述史歌的翻译整理与研究价值浅论［J］．贵阳学院学报（社会科学版），2007（3）：19.

[7] 李小江．历史、史学与性别［M］．南京：江苏人民出版社，2002：99.

[8] 张晓．西江苗族妇女口述史研究［M］．贵州：贵州人民出版社，1997：106.

后的记忆——十六位旗人妇女的口述历史》[1]、郭于华《心灵的集体化：陕北骥村农业合作化的女性记忆》[2])、知青史研究（刘小萌《中国知青史》《中国知青口述史》）[3]、灾难学研究（袁林《西北灾荒史》[4]）等。

3. 口述历史的步骤与方法

第一，访谈准备。为了“确保口述凭证的系统性和完整性系统”[5]，需梳理已有文献资料，确定口述对象，采访对象不追求数量的多少，而以寻找到典型人物、具有鲜活体验或记忆的人物为准[6]；随后，要从“了解访谈对象的情况，列出访谈提纲，准备好录音笔、照相机”等方面做好准备工作。

第二，实地访谈。实施访谈计划，正式访谈。要处理好近、远关系，既要与受访者构建和谐关系，确保双方的坦诚交流，又要保持整理口述资料时的中立、客观态度，核实整理材料[7]；在挖掘事实的访谈中，既要以倾听者的姿态，

[1]定宜庄．最后的记忆——十六位旗人妇女的口述历史［M］．北京：中国广播电视出版社，1993：72．

[2]郭于华．心灵的集体化：陕北骥村农业合作化的女性记忆［J］．中国社会科学，2003（4）：79-92．

[3]刘小萌．中国知青史［M］．北京：中国社会科学出版社，1998：12．

[4]袁林．西北灾荒史［M］．兰州：甘肃人民出版社，1994：31．

[5]杨雁斌．口述史学百年透视（下）［J］．国外社会科学，1998（5）：2．

[6]多萝苔·维尔琳．口述史与妇女历史研究：来自德国的经验［J］．陕西师范学报（哲学社会科学版），1998（4）：134-141．

[7]杨洁．妇女口述史国际学术研讨会综述［J］．陕西师范大学学报（哲学社会科学版），1998（4）：145-148．

“尽可能地躲在幕后，简单地做些鼓励性的表示，不用插进你自己的评论和经历”❶，又要运用一定口述采访技能（如提问、讨论、串联等），打开受访者的“话匣子”，调动受访者的“回忆欲”，努力挖掘受访者的深层“记忆”❷；既要按既定提纲执行，又要根据当时情况灵活变通，并做好访谈记录。

第三，整理归档。将录音文本化（逐字逐句记录访谈，任何改动都必须加上括号），核对口述资料的真伪（查阅文献资料并做上标注）❸，保存好采访的录音带和抄本，以供他人研究利用❹。

第四，口述历史研究。原汁原味的口述资料具有重要的收藏价值，但是口述史研究不应停留在收集与整理“口述资料”层面，还要结合文献的互证展开研究。对此，唐德刚如是说：“口述历史并不是一个人讲一个人写就能完成的，口述部分只是其中史料的一部分而已”、“我替胡适之先生写

---

❶保尔·汤普逊. 过去的声音：口述史［M］. 沈阳：辽宁教育出版社，2000：241.

❷傅光明. 口述史：历史、价值与方法［J］. 甘肃社会科学，2008（1）：80.

❸定宜庄. 最后的记忆——十六位旗人妇女的口述史［M］. 北京：中国广播电视出版社，1999：6-7.

❹“录音带既可以确保引用无误，又可以照顾到访谈时可能遗落的细枝末叶……抄本能够增加访谈的用途，让每个人多方受益，包括最初的访谈者。”唐纳德·里奇.大家来做口述历史：实务指南（第二版）［M］. 王芝芝，姚力，译. 北京：当代中国出版社，2003：107.

口述历史，胡先生的口述只占百分之五十，另百分之五十要我自己找材料加以印证补充。”❶

三、研究方法

（一）研究思路

为了研究新中国武术取得的卓越成就，本课题本着大众文化的研究精神，运用口述史方法，通过对大众“记住的过去”的采访，深入大众参与武术历史过程的历史意识，描绘铭刻在大众身体的集体记忆，并以大众多层次、多类武术文化实践集合起来的集体记忆，细描新中国武术发展的历史画卷。

（二）集体记忆

在某种意义上，文化与历史的本质就是记忆。记忆作为人类个体官能，以往多为心理学、生理学、心理生理学、神经心理学的研究对象，19 世纪末 20 世纪初被法国社会学家莫里斯·哈布瓦赫创造性地将记忆的研究从生物学框架转向文化框架。在《记忆的社会性结构》一文中，莫里斯·哈布瓦赫首次提出“集体记忆”（Collective Memory）概念，并认为，记忆在本质上是立足现在而对过去的一种重构，需要

❶唐德刚．史学与文学［M］．上海：华东师范大学出版社，1999：2.

集体源泉的滋养，由社会来维持，也在社会中获得[1]。80年代，美国保罗·康纳顿在《社会如何记忆》中指出，群体通过各种仪式塑造的共同记忆，它是每一个群体成员私人记忆相加的产物，属于这个群体，而将哈布瓦赫“集合起来的记忆”变成“集体的记忆”[2]。90年代，德国扬·阿斯曼和阿莱达·阿斯曼将哈布瓦赫的集体记忆定义为一种“交际记忆”(在集体沟通中实现的短时记忆，具有鲜活性)，将康纳顿的“社会记忆”定位为“文化记忆”（即服务文化传承的长时记忆，具有象征性）[3]。

“集体记忆”具有三方面的特征。首先，“集体记忆”总是和当今现实相联系，是为满足当今需要而对过去的重构。其次，记忆总是具体的、主观的、带有感情色彩的，总是与一些特定的集体和共同体联系在一起。最后，“集体记忆”具有可操控性，人们可以有意地强化某些部分的记忆，也可以刻意淡化某些记忆[4]。

孙秀林（2003）认为，自哈布瓦赫之后，社会记忆研究

---

❶莫里斯·哈布瓦赫. 论集体记忆［M］. 毕然，郭金华，译. 上海：上海人民出版社， 2002：59-60、68.

❷保罗·康纳顿. 社会如何记忆［M］. 纳日碧力戈，译. 上海：上海人民出版社，2000：83.

❸扬·阿斯曼，阿莱达·阿斯曼. 昨日重现：媒介与社会记忆［M］. 冯亚琳，阿斯特莉特·艾尔. 文化记忆理论读本［M］. 余传玲，等，译. 北京：北京大学出版社，2012：20-42.

❹沈坚. 法国记忆史视野下的集体记忆［N］. 中国社会科学报，2010-03-02（2）.

大致有三种取向。一种取向是集体记忆的选择与“遗忘”（哪些因素决定了特定的社会事件在集体记忆中被选择或是被“遗忘”、为何是这些事件而不是另外一些事件被记住），一种取向是过去事件的社会建构（过去是如何被社会建构的），一种取向是集体记忆建构过程的机制（集体记忆是如何被传承）[1]。

（三）口述历史方法

在研究方法的选择上，口述历史研究可以“故纸堆”的“阅读”与活生生人口述的“倾听”相结合，一方面可扩大武术历史研究的资料、丰富史料来源，完善武术历史研究的多重证据法；另一方面以大众视角，凸显历史主体性，发掘“沉默的人群”，正视民众记忆的有效性，将个体的生命体验与大众的社会记忆融入史学，而丰满武术历史研究的“血肉”。

在研究思路的确定上，通过对亲历亲见亲闻“三亲”的口述，将新中国武术的发展与普通人的日常生活实践关联在一起，在“普通人的日常生活与宏观社会历史之间的有机联系”中[2]，以“由下而上”的民间视角丰富武术传统研究

[1] 王汉生，刘亚秋．社会记忆及其建构：一项关于知青集体记忆的研究［J］．社会，2006（3）：46-68．

[2] 郭于华．作为历史见证的“受苦人”的讲述［J］．社会学研究，2008（1）：53-69．

“由上而下”的宏大视野，以口述方式收集的具体鲜活的个案材料、小写的历史，充实武术惯常研究（大写的历史）的“宏大叙事”。

在研究主旨的确立上，从大众视角出发，运用口述历史方法，既是完善武术历史研究的需要，也契合新中国体育的政治使命，可以大众的身体体验、大众的集体记忆折射新中国武术的发展，体现“增强人民体质”的新中国武术发展的历史。

在研究方案的制订上，针对口述史的关键是“选择何人作为访谈对象，访谈侧重什么议题”[1]，确定新中国武术发展的若干个片段，通过文献的查找、有关专家和知情者推荐等途径，选择“上山下乡的武术知青、广场公园的武术锻炼者、武术教改的中小学师生、来华学习中国文化和武术的外国留学生”等79名口述对象[2]，组成了由博士研究生、硕士研究生和高级访问学者等9人构成的口述史研究小组，于2010年1月—2011年5月、2011年11月—2012年11月、2012年9月—11月间前后进行了94次采访（如表1所示），收集整理了四十多万字的口述资料（参见第五章口述实录选

[1] 定宜庄. 老北京人的口述历史（上）［M］. 北京：中国社会科学出版社，2009：3.

[2] 根据学术惯例，本研究隐取了口述对象的真实姓名，均做了名字首字字母缩写的技术处理。

表 1　口述对象及采访者一览表

受访对象		人数	采访时间	采访次数	采访者
武术锻炼者	太极拳锻炼者	12 人	2010 年 4 月–2011 年 4 月	21 次	晁改英（硕士生）
	木兰拳锻炼者	12 人	2010 年 4 月–2011 年 5 月	13 次	周　琴（硕士生）
	气功锻炼者	12 人	2010 年 4 月–2011 年 5 月	14 次	张国良（硕士生）
武术知青		6 人	2011 年 11 月–2012 年 11 月	6 次	刘佳丽（硕士生） 唐韶军（博士生）
中学师生	教师	14 人	2010 年 1 月–2011 年 4 月	20 次	陈梅宝（硕士生）
	学生	2 人			
	其他人员	1 人			
留学生		20 人	2012 年 9 月–2012 年 11 月	20 次	唐韶军（博士生） 韩红雨（博士生） 孙耀华（访问学者） 高东清（访问学者）
合计		79 人		94 次	

编），而以这些口述对象武术经历的散点体验，复原大众对武术的记忆，折射新中国“增强人民体质”的武术发展。

访谈提纲的拟定——拟定了共性版和个性版 2 份访谈提纲，“共性版”提前 1~2 天告知口述对象；“个性版”则根据不同口述对象及口述内容而有所调整。

访谈的实施——第一阶段，将本课题作为子课题，由五名硕士研究生作为学位论文进行研究[1]；第二阶段，在2012年9—11月，由在读博士研究生、高级访问学者，对武术知青、留学生进行了口述采访。

（四）创新点

本课题研究从大众立场出发，口述新中国武术发展，力图拓展武术史研究广度、深化武术史研究深度、鲜活武术历史研究样式、丰富口述史研究领域。

对武术史研究而言，本课题研究是拓展武术史研究新的资料来源、鲜活武术史研究、填补武术史与体育史研究空白的一次努力。

对口述史研究而言，本课题研究以武术的个案研究试图延伸口述史研究的领域，丰富口述史研究的表现。

[1] 已完成硕士学位论文研究的有“晁改英的《太极拳锻炼的口述历史研究：以锻炼空间为视角》、陈梅宝的《上海育才中学武术教育改革的研究：以口述历史为方法》、张国良的《气功锻炼者的口述史研究》、周琴的《木兰拳发展的口述史研究》、陈蓉的《中国广播操六十年发展的集体记忆：以大众为中心》、刘佳丽的《长三角地区武术知青的人生奋斗史：一项口述史研究》、张美玲的《武侠小说的武术世界——武侠小说迷口述史研究》。

第一章　武术锻炼大众的健康记忆

健康是人类永恒的话题。新中国“增强人民体质”的武术运动，如何服务大众的健康？在追求健康的道路上，大众为何投身武术锻炼、在武术锻炼中收获了什么？成了本研究的出发点。对此，我们在2010年4月—2011年5月，对48名武术锻炼者进行了采访[1]，力图通过太极拳锻炼者（21人）、木兰拳锻炼者（13人）、气功锻炼者（14人）的口述史，勾勒出大众武术锻炼的健康简史。

第一节　体弱者增强体力的“手杖”

体弱者，指虽然无机体疾病，但却生命活力降低、适应

[1]晁改英．太极拳锻炼的口述历史研究：以锻炼空间为视［D］．上海：上海体育学院，2011：14-15．周琴．木兰拳发展的口述史研究［D］．上海：上海体育学院，2011：19．张国良．气功锻炼者的口述史研究［D］．上海：上海体育学院，2011：14．

能力减退的亚健康者[1]，也包括那些慢性病和术后康复者。在“心脑血管疾病（如高血压）、代谢性异常（如糖尿病）、遗传性疾病”等病程漫长且病情迁延不愈的慢性病中，也表现为逐渐的或进行性的器官功能降低[2]。在武术健身锻炼中，体弱者常常选择太极拳作为恢复身体功能的康复治疗性“运动处方”[3]。

一、找到健身方式

太极拳的健康作用享誉古今，既有前人“详推用意终何在，延年益寿不老春”的体悟感言、拳谚对“拳医相融，一

[1]席庸. 太极拳与科学健康［M］. 西安：西安交通大学出版社，2004：3.

[2]慢性病全称是慢性非传染性疾病（Chronic Non-communicableDisease），不是特指某种疾病，而是对一类起病隐匿，病程长且病情迁延不愈，缺乏确切的传染性生物病因证据，病因复杂，且有些尚未完全被确认的疾病的概括性总称。美国疾病与预防控制中心对慢性非传染性疾病的定义为：进行性的、不能自然痊愈、很少能够治愈的疾病。参见吴炳义，等.慢性病与人口学特征的关联初探［J］. 医学信息，2010（8）：2786.

[3]世界卫生组织对“运动处方”的概括：对从事体育活动的锻炼者或患者，根据医学检查资料，包括运动实验及体力测试，按其健康、体力以及心血管功能状况，结合生活环境条件和运动爱好等个体特点，运用处方的形式规定适当的运动种类、时间及频率，并指出运动中的注意事项，以便通过有计划的经常性锻炼，达到健身或治病的目的。参见刘纪清.实用运动处方［M］. 哈尔滨：黑龙江科学技术出版社，1997：10-12.

功两用”的经验总结，又有今人科学理论与方法的论证[1]，并剖析了太极拳健康文化系统的要素和结构功能[2]，而使太极拳的健康功效广为流传。鉴于人类思维的“迁移类比”特性[3]，人们常常会将一种问题的解决方法，运用到其他类似情况中。对太极拳“健康作用”的耳闻和了解，成为人们选择太极拳解决健康问题的重要原因，同时太极拳的健康作用也在不断解决锻炼者身体问题的期间，被“迁移扩大化”，而成为不同社会群体尤其是体弱者满足身体需求的健康途径。

❶随着科学技术的不断发展，人们开始运用自然科学、社会科学的方法验证太极拳的健康效果，并取得一定的成果，如对心血管的作用的研究有《一次急性 42 式太极拳练习对中老年知识分子心血管机能和血液状态的影响》（倪红莺，2001）、《太极拳运动对中老年人血压、心电图、微循环的影响》（邹文森，1995）、《太极拳锻炼时不同运动量对中老年人心血管系统机能影响的研究》（左文泉，1998）等；对免疫系统的作用研究有《吴氏太极拳对老年人外周血 NK 细胞活性的影响》（李志清，1994）、《太极拳运动在改善老年人机体免疫系统功能中的作用》（张勉，2002）、《太极拳运动对中老年女性外周血白细胞细胞因子 IFN-γ、IL-4 的影响》（刘静等，2009）等，以及对太极拳对其他身体功能影响的研究等等.

❷郭志禹，姜娟. 太极拳健康文化系统的研究 [J]. 上海体育学院学报，2006（3）：57-63.

❸当人们遇到一个新问题（靶问题）时，人们往往想起一个过去已经解决的相似的问题（源问题），并运用源问题的解决方法和程序去解决靶问题，这一问题解决策略被称之为类比迁移（analogical transfer）. 曲衍立，张梅玲. 类比迁移研究综述 [OB/OL]. http：//Hwww.psychcn.comH.2001-08-02.

第一，他人的建议成为体弱者健身项目选择的重要依据。首先，为了帮助家人早日康复、尽快清除笼罩在家庭的疾病阴云，家庭成员会主动帮助体弱者寻找健身项目、联系健身指导员。

> 人家知道我会打（太极）拳，（有）一个老太，她有血压高，糖尿病，她的丈夫在工农公园（找到我），叫我教他的老婆练太极拳。（2010年5月12日，大众锻炼者DQZ-1访谈记录）[1]

其次，亲友会主动为体弱者推荐健身项目。“我有了结核病，也是人家劝我说，‘练太极拳身体能强健起来’”。(2010年10月16日，大众锻炼者XZX-1访谈记录）

> 我练太极拳是从1968年开始的，开始是身体不好有单纯性的青光眼，还有神经性的头疼，后来人家说太极拳蛮好的，所以就开始练了。（2010年4月19日，大众锻炼者XRK-1访谈记录）

最后，将员工健康作为己任的单位组织也会成为体弱者寻找健身方式的源泉。“我肝功能不好，不是有甲肝，乙肝嘛，我是乙性肝炎，有四年的养病生涯（后），后来，我说

[1] 口述史访谈记录由三部分元素组成：前面是访谈日期，中间是访谈对象类型，最后是访谈对象姓名的缩写与第几次访谈。

什么，我‘想怎么办，老是这样不行’。正好呢，我们单位组织去学（太极拳），正好，因为我觉得能不能，哎，对我这个（病）有好处，因为这个刚好是慢性病，是这样子的”。（2010 年 6 月 5 日，大众锻炼者 WQL-1 访谈记录）

太极拳运动集古代的吐纳、导引、拳法于一体，能活动人的四肢、五脏六腑，平衡阴阳。通过练习对人体的内脏、心血管系统、呼吸系统、消化系统、中枢神经系统、骨和关节都有良好的保健作用，能促进新陈代谢，调节精神状态[1]。正因为有如此的疗效与口碑，太极拳才以多种途径进入体弱者寻求康复锻炼的视野之中。

第二，将太极拳作为健身手段还是体弱者自行选择的结果。首先，人们被太极拳运动广泛的适应对象所吸引。

> 太极拳男女老少都可以练，它不受性别的限制，都可以去练。（2010 年 8 月 31 日，大众锻炼者 YJS-2 访谈记录）

其次，体弱者被太极拳“慢动缓练、轻动柔练、心动意练”[2]的运动方式所吸引，认为太极拳是“经不起大负荷运动的强刺激”的人最适宜的健身手段。

---

[1] 张宗豪，王国志. 大众武术：全民健身运动中的亮点［J］. 搏击·武术科学，2008（10）：34-36.

[2] 戴国斌，花家涛. 太极拳的现代转型［J］. 少林与太极（中州体育），2013（1）：1-4，29.

我身体不好，跳舞也跳不动，又不能做激烈的运动，我就学太极拳，慢慢地我（也）能动动（了）。(2010 年 6 月 24 日，大众锻炼者 GYT-1 访谈记录)

最后，太极拳健身方式是人们术后康复期打发空闲时间的结果。“我们厂里检查身体嘛，我这里生一个甲状腺系瘤，开刀嘛，我有一个月的假期，我就想在家里干什么？那么我就出去锻炼了，去了以后，我学了一个月就学会了一个太极拳”。（2010 月 5 月 12 日，大众锻炼者 DQZ-1 访谈记录）

广大太极拳锻炼者对太极拳“增进健康”的锻炼效果具有高度认同，他们在认为太极拳运动量小且动作舒缓柔和有利于健康之后，走上了主动练习太极拳的道路[1]。

二、体验健身效果

人们从多种途径研究了太极拳健康作用和科学机制[2]，但作为太极拳锻炼者尤其是体弱者，他们还是从自身感受来体验健身效果。

[1] 吕韶钧，彭芳，宋勤，等. 中国、日本太极拳练习者锻炼效果主观评价的比较分析［J］. 北京体育大学学报，2000（3）：321-323.

[2] 如《一次急性 42 式太极拳练习对中老年知识分子心血管机能和血液状态的影响》（倪红莺，2001）、《太极拳运动对中老年人血压、心电图、微循环的影响》（邹文森，1995）、《太极拳运动对中老年女性外周血白细胞细胞因子 IFN-γ、IL-4 的影响》（刘静等，2009）等。

第一，关注身体的变化。首先，他们通过锻炼前后的身体状况的比较，检验太极拳锻炼效果。“打太极拳跟不打太极拳是不一样的，（没练太极拳）以前我到欧尚（超市）呢，是走不动的，打了（太极拳）以后呢，走两个来回都没事”。（2010 年 6 月 24 日，大众锻炼者 YLJ–1 访谈记录）其次，他们从先前多病变成抵抗能力强、不易得病的健康人的对比中，体验锻炼前后的差异。

> 原先我的身体是很不好的，为什么，原来我的身体，哎呀，三五天要看病，就是身体很不好的！哎，身体就像人家说的“林妹妹”，病恹恹的，天天都要吃药的；然后呢，没办法，就练太极拳了。这样呢，我的身体就像变强了，不是说没有病，但是身体就是强硬了，就是扛得起了，身体有一种内力，有一种（抵）抗力了，对生活上有种（抵）抗力，体力上我也能抗了。(2010 年 4 月 26 日，大众锻炼者 HLL–1 访谈记录)

再次，他们从消除患病时间的变化检查锻炼的效果。“就像感冒，我以前感冒要十天、一周才好的，一般不锻炼的人恢复就要一周时间；我现在呢，三天就会好了。一康复呢，体力马上就跟上去了，但是不锻炼的人十天感冒才好了，而且他的体力恢复期很长，锻炼过的人恢复期很短的”。（2010 年 4 月 26 日，大众锻炼者 HLL–1 访谈记录）另外，他们还从与同事身体状态的比较中检查自己的锻炼成效。

去年我到医院去看我的一个老同事，我们一起退休的，他不喜欢运动，退休后一直在家养养鱼，种种花什么的，从来不运动的，结果怎么样？病啦！我就是因为一退休后就开始练太极拳了，我很少生病的，我们年龄是一样的，他就病了，我没有（病），所以，我（从他家）回来后跟他说，练练太极拳吧，有好处的！（2010年4月26日，大众锻炼者XRK–2访谈记录）

最后，他们利用医学指标的变化肯定锻炼的效果。“原来一年有三四次指标不好的时候，指标不好，我就休息了，半天工作，有时候呢，有时候呢，全天都在家休息。每年都有这样的起伏性变化，自从我练（太极）拳以后，指标都正常了，工作都好了”。（2010年6月5日，大众锻炼者WQL–1访谈记录）

第二，注意心理的变化。他们体验到太极拳锻炼对自己心理的作用，发现自己脾气的改变。

我以前脾气有点不耐烦的意思，后来慢慢的太极拳一练啊，脾气好了，为什么呢，自己心胸宽广了，也比较愿意和人打招呼了，（因为）我的关节不疼了，身体好了以后呢，自己好像各方面都有了改变，自己的心胸宽广了，心情愉悦了。看到人啦，喜欢打个招呼啦，对你笑笑啊！以前（没练太极拳）在家呢，看到自己的爱人——老头子啊，可能要发个小脾气啊，现在呢，好像是老头有什么事，我都会说：‘哦，行，行，算了，算了’，终归是比较谦让他一点了。（2010年5月7日，

大众锻炼者 CLF-1 访谈记录）

对身体锻炼的心理影响，他们这样解释：“因为我以前身体不好嘛，不高兴的事情很多，因为身体‘不阳光’，老是看这个不顺眼，看那个不顺眼，‘这个饭不好吃，这个东西做得不好’，就是总是在挑事；（身体）锻炼好了，身体的阳气上来了，看什么事就不一样了，心情开朗了，饭不好吃也没事，可以再做嘛，不会太计较什么了。”（2011 年 3 月 31 日，大众锻炼者 HLL-2 访谈记录）

老年人通过太极拳锻炼来改善身心健康，达到延年益寿的目的，已是我国社会生活的一个重要现象，人们也普遍认为太极拳能使人精神和谐舒畅、心态平和自然，太极拳锻炼后有一种轻松愉快的舒适感觉❶。

第三，健康经历的交流。在享受健康喜悦的同时，获得健康体验的锻炼者也乐以与人分享、帮助他人康复、终成社会体育指导员。在这些有着健康亲身体验的社会体育指导员中，“健康”成为他们指导学员锻炼时“激发动机、检验效果”的重要内容。

首先，这些社会体育指导员以自己治愈疾病的经历作为素材进行教学。“我经常跟我的学生讲，练好（太极）拳可以治病的，我就是这样子，如果腰有点不舒服了或什么地方有什么不舒服的，我一般的不去看病，连打三天太极拳，马

❶付芳．太极拳对老年群体心理健康的影响［J］．搏击·武术科学，2011（8）：48–49、52.

上第四天必定好，你这样学生才会跟着”。（2010 年 6 月 24 日，大众锻炼者 YLJ-1 访谈记录）学武是辛苦的，但授艺也不容易，有时一个动作教了上百遍，有的学生就是领悟不透。开班授艺十多年来，王庆喜教过的学生超过 3000 人，虽然传授要花费大量精力，但他乐在其中。“我原先练武只是为了锻炼身体，现在通过我的传授，带动大家一起健身，我的心愿就是能让更多人学习武术，为此，我还要不断努力”❶。其次，这些社会体育指导员以“健康”激发大众锻炼动力。“（癌症康复者）他这个练了以后脸色确实好了，他认真地练习。其实你付出了多少代价，太极拳就会给你多少回报”。（2010 年 6 月 5 日，大众锻炼者 WQL-1 访谈记录）“我总是跟我的学生说，你们好好练（太极拳），就能健康，这个是谁都跟你拿不走的！”（2010 年 4 月 26 日，大众锻炼者 HLL-1 访谈记录）“我练太极拳已经 6 年了，深有体会，以前没练太极拳的时候身体不好，总是感冒，腿脚也不灵活，现在跟别人我说 60 岁他们都不相信，觉得我精神很好”❷。最后，这些社会体育指导员记忆的也是学员们关于健康效果的反馈。“有一个得高血压的学生，以前在柴油机厂（上班）的，退休了，有肺病，还有高血压，他跟我说，他打完拳回去一量血压肯定是低的”。（2010 年 6 月

❶杨济泽，苏伦柱．八千社会体育指导员推动全民健身［N］．连云港日报，2010-02-25（1）．

❷王涛．通过武术传播科学健身方法［N］．中国体育报，2010-05-13（7）．

24日，大众锻炼者YLJ-1访谈记录）“（学生）他们总是跟我讲：‘老师我们还要感谢您呢，我以前感冒要十天、一周的（才好），一般不锻炼的人恢复就要一周时间（才会好），我现在呢，三天就会好了！’还有糖尿病的跟我说：‘原来血糖很高，打拳打得感觉累呢，但是心里很舒服的，吃东西照样吃，他说他的血糖好好的，没有升高’”。（2010年4月26日，大众锻炼者HLL-1访谈记录）

总之，太极拳锻炼效果，在锻炼者的体验与社会体育指导员教与学的共同作用下，以口头传播之渠道，就像锻炼效果的“接力”活动一样，在人际间传播开来，而坚定大众坚持锻炼的信心。如品尝到健康喜悦的锻炼者，掩饰不住对太极拳的爱与恋，“就是很喜欢（太极拳）了，不打不行，如果今天不打就会浑身没劲”。（2010年6月24日，大众锻炼者GYT-1访谈记录）有十年太极拳锻炼时间经历六次化疗的锻炼者感慨道：“因为太极拳对我有很多好处的，从我退休时身体很差，到身体逐渐好起来了，抵抗力增强，我尝到这个甜头了，所以，我生了大病以后，化疗结束，我肯定坚持的，我说，别的好放弃，只有太极拳我肯定不放弃的，要练下去！”（2010年6月24日，大众锻炼者GYT-1访谈记录）最终，太极拳成为大众“爱不释手”、天天练习的“必修课”。“天天都练的，下雨天也练，过年也练，人家休息，我就上午练。当然了我的时间有的，我不打拳，老公就说：‘哎，你今天怎么啦？’哎呦，我一天不出门就好像没方向了，好像什么事也不想干了，拳打好了，也与人交往了，回家也开心。所以，我不用休息，除非我生病了，起不

来，反胃啊、腰疼啊不能动！”（2010 年 4 月 26 日，大众锻炼者 HLL-1 访谈记录）

第二节　中老年妇女的“美容术”

上世纪 70 年代风靡上海的木兰拳，不仅将原先数人习练的套路发展到一个新兴的武术拳种，成为武术“第 130 个拳种”，而且席卷全国，拥有数百万娘子军，刮起国内外“木兰旋风”，被誉为“东方美的象征、女性健身术的最佳选择”[1]。广大女性，特别是中老年妇女从四面八方来到木兰拳锻炼场所，在其共同的“美容”经历中形成了木兰拳锻炼的集体记忆。

一、为美吸引

中老年妇女被木兰拳的运动美所吸引，她们也因木兰拳“美的运动”而选作锻炼手段。换言之，木兰拳的运动形式得到了广大妇女的青睐。

第一，美的形式。初见木兰拳，人们常常惊其美丽，而有“眼睛一亮”之感。

[1] 任涛．木兰拳和应美风［J］．青年一代，1991（6）：62.

刚刚到上海吧，我一个人觉得没有意思，就到外面去兜。我看见有打木兰拳的，给我眼睛一亮。我一看，木兰拳既有舞台的动作，又有舞蹈的动作，还加插武术的动作。我觉得蛮好的，开始我出于好奇心，跟着人家活动活动、沟通沟通，后来嘛，逐步地就入进去了。(2010 年 4 月 26 日，大众锻炼者 GXZ-1 访谈记录)

1983 年我从农村回来，27 岁，觉得这个社会大舞台，好像没有我们的份儿，好像容纳不了这个社会，这个社会容纳不了我。当时工作之余活动很少，没有健身房。我喜欢舞蹈，到静安公园去，有跳迪斯科。中老年迪斯科，这个好像不太高雅，光着膀子；交谊舞，搂搂抱抱的也不行；太极拳，也太老了吧！结果我眼睛一亮，碰到应美凤老师，她打的就是木兰拳，比较高雅，她的身材也好，然后就留下来开始练习了。(2010 年 10 月 31 日，大众锻炼者 MMF-1 访谈记录)

正因其“美丽动人”的运动样式，致使不少人选择木兰拳作为健身项目。“张大妈原是宝铁分局的一名工程技术人员，从小就喜欢文体活动。1989 年临退休前她到上海出差，在公园里她看到有人打拳、舞扇，动作非常优美，上前一问方知是木兰拳，马上来了兴致，当即拜师学艺”[1]。上海某辅导站一位社会体育指导员说：

[1] 佚名. 张兰珍：打出宝鸡木兰拳威风 (N). 宝鸡日报，2008-01-04.

学员一开始觉得我们的姿势好看，才被吸引来学。慢慢地发现这个很科学，对自己是真的有帮助。（2010年4月30日，大众锻炼者WWH-1访谈记录）

第二，美的音乐。因木兰拳悦耳的音乐而投身木兰拳锻炼的人比比皆是。“一阵悦耳的曲调一下子引起了我的注意，顺着这音乐，我看到10多位中老年妇女正在挥舞长剑，和着音乐的节奏，舒展身体，那一招一式，在我看来，是最美的艺术表演了。这项运动美丽的名字‘木兰拳’，更加激发了我学习的兴趣”❶。一位老教授这样说：“当我随着古典音乐伴奏起舞时，全身感到轻松自如，手脚舒展，也给旁观者以赏心悦目的享受。”❷

我是因为生病，那时脑子里长了个肿瘤，良性的，并不是很严重，那时我36岁，怕手术有风险，小孩还很小，我尝试过很多运动，练过气功，要带有意念，我那时这么年轻，怎么可能知道这些意念，我练了一段时间感觉不行；然后我就看见别人学太极拳，学了之后感觉都是婆婆层次的人才练，后来得知我们单位的刁老师打木兰拳，我看她打得特别美，之后就一直练习木兰拳。（2010年10月29日，大众锻炼者XM-1

❶佚名．于敏华：快乐“木兰拳”［EB/OL］．http：//news.xinhuanet.com/politics/2008-10/30/content_ 10278837．htm.2008-10-30.

❷胡述之．今日木兰拳操练［N］．中国体育报，1994-09-25.

访谈记录）

这些无法领会气功的意念、视太极拳为“老年”项目的中年妇女，将木兰拳视为适合她们年龄的运动项目。“我看到她们打木兰拳，适应我的这个年龄”。（2010 年 8 月 1 日，大众锻炼者 XGY-1 访谈记录）

音乐是木兰拳的灵魂，它给木兰拳运动注入了生机和活力。借助音乐的不同风格，通过木兰拳运动“节奏的强弱、幅度的大小、速度的快慢”的相应变化，不仅使动作错落有致，给人以行云流水、滔滔不绝、彩蝶振翅的悠闲、木兰从军的英姿飒爽等感染力❶，而且也成为吸引中老年妇女投身其中的重要动力。另外，在优美的乐曲中，中老年妇女以艺术化的身体动作，完全以“一种自由自在、轻松愉悦的状态来改变身心，充实精神，感受生命”❷，达到展示自我、锻炼自我和重塑自我的目的。

总之，木兰拳以优美的舞姿、洒脱的造型、心旷神怡的音乐而被视为“东方美的象征”和“敦煌飞天之术”❸，也以此吸引着“想使自己更美”的中老年妇女❹。

❶盛燕茶，杨新．浅论音乐在木兰拳运动中的作用［J］．时代文学（下半月），2010（4）：210-211.

❷杜红燕．木兰拳价值探析［J］．成都体育学院学报，2002（3）：76-79.

❸佚名．应美凤：木兰拳撑起女性健美一片天［J］．中国经济快讯，1999（22）.

❹杜红燕．木兰拳价值探析［J］．成都体育学院学报，2002（3）：78.

二、体之健康

被美吸引的中老年妇女，也有健身的需求。例如，长年坐办公室的常艳明，于5年前身患膝关节骨质增生和颈椎病，在医治难见效果后，先是长跑膝关节疼、学打腰鼓脖子痛，最后3年见到木兰扇，着迷于木兰拳的优美动作而投身木兰拳锻炼[1]。在木兰拳锻炼中，中老年妇女改善了身体状态。

第一，提高了身体舒适感。首先，木兰拳锻炼者感到的是身体柔和。“练了一段时间，感觉身体有些柔和，筋骨也没那么僵硬，走路很轻松”，“身体韧性好了，行动比以前敏捷多了”。（2011年5月16日，大众锻炼者MXY-1访谈记录）“就是感觉练了以后，全身特别舒服（说着口述者就示范起“深蹲下去、轻松站起”的动作，以示其锻炼成效），就是对我的关节非常好，我以前天气不好的时候，关节特别疼，现在这种感觉都没有了”。（2010年11月1日，大众锻炼者YJX-1访谈记录）其次，她们也体验到病痛的缓解。一位类风湿性关节炎病症的锻炼者如是说：“我中年时患了类风湿关节炎，医生说这病目前还没有药物可以根治。后来，我又动了一次大手术，左肺切了一叶。医生告诉我要加强体育锻炼来增强体质。于是，在接受药物治疗的同时，我

---

[1] 佚名. 木兰拳扇舞三年，找回久违的健康［EB/OL］. http：//mulanshan.blog.bokee.net/bloggermodule/ blog_viewblog.do?id=1816897.2008-05-22.

开始每天早上去公园走路，跟着别人打太极拳。十年前，一次在杭州青少年宫广场，我看到一批大妈们在练木兰拳、扇、剑，我被那优美的舞姿及动听的音乐深深吸引了。我马上去购买了木兰拳系列的教学书和光盘，认真学起了木兰拳。经过一段时间的学练，身体出现了明显的变化，僵硬的关节变得灵活起来，行、走、跑、跳均无大碍，舞剑玩扇自如。我每天早晨练完拳剑后，感到精力充沛，别人根本看不出我是个多种慢性病患者。渐渐地，许多中老年朋友跟着我学起了木兰拳。”❶一位口述者这样说：

> “我开始是吃那种降脑压的药，药名字我都忘了。像突然变天气的时候啊，脑压低，就蛮难受的，有时候还要到医院去治疗一下，现在啊都多少年没有吃了，慢慢感觉身体好多了，练了木兰拳以后，我就慢慢开始减药了，又吃了几个月吧，我就开始减半了。”（2010 年 10 月 29 日，大众锻炼者 XM-1 访谈记录）

第二，改善了睡眠质量。现代科学研究证实，人在睡眠中身体内一切生理活动均会减慢，处于恢复和重新积累能量的过程。如果长时间不睡觉或失眠，可造成神经系统功能紊乱，降低机体的免疫功能。随着社会压力的加大，睡眠质量问题成为困扰现代人的一大难题。按中医理论解释，失眠是心主神功能异常，心阳亢盛、阳不入阴、情志过于兴奋而导

❶佚名．自学成才的木兰拳教练［J］．浙江老年报，2008-07-23．

致[1]。首先，木兰拳锻炼者体验到良好的睡眠。据一位失眠锻炼者的口述："我 40 岁的时候一直生病的，毛病很多，心脏病、关节炎、腰肌劳损、胃下垂，还有一个失眠，我天天夜里要吃安眠药的，以前电视还没有通宵播放的，到各个电视台说晚安，我要看到天亮还有几个小时，再计算下还要吃几颗安眠药，自从学了木兰拳以后，慢慢的我就不吃了。"（2010 年 8 月 29 日，大众锻炼者 SLD-1 访谈记录）其次，她们改善了睡前亢奋状态。一位木兰拳锻炼者口述道："人到老年都有这样的体会，以前总是坐着打盹、躺在床上却睡不着、白天没精神。我练拳以后，感觉心情平静了很多，躺床上很快能睡着，白天精神也很好。"（2011 年 5 月 16 日，大众锻炼者 MXY-1 访谈记录）

三、气质健美

发现木兰拳美的中老年妇女，在促进身体健康的同时，也改善了自己的心情、气质、精神面貌，美化了心灵。

第一，改善了心情。首先，木兰拳锻炼者感受到锻炼后身体的轻松感。"打完了木兰拳后，回家再做家务，觉得很轻松，很轻松，身体有这个感觉，心情也很愉快，在找个场地比较空的，听着音乐，感觉很舒服"。（2010 年 4 月 26 日，大众锻炼者 GXZ-1 访谈记录）其次，她们体验到锻炼

[1] 尤杏雪. 健身气功·六字诀对老年人生存质量影响因素的研究［D］. 北京：首都体育学院，2009：27.

后的心理舒畅感。“打拳的和那些不打的就是有很大的区别，从外表都可以简单地区分开来。她这个气质就是不一样，还有打拳使我们很充实，你看早上我们打完拳，再去买好菜回来吃一点早饭，不可以立即吃早饭的。只要你今天出来（打拳），一天都很舒畅，精神很饱满。不出来的话，人就很难受，感觉缺了什么，后来每天都要出来锻炼，打拳对于像我们更年期的妇女，早上来锻炼和同时学习的姐妹们交流，使自己有一个很好的心情。早上锻炼身体，晒晒太阳，吸收钙质。代谢加快，让自己更健康。有一颗年轻的心。原来我身体不是很好，但我不把它当回事，我就是要学，有好的就要吸收，不断的提高”。（2010 年 4 月 30 日，大众锻炼者 WWH-1 访谈记录）最后，她们品尝到群体锻炼的社会交往快乐。“因为我觉得没有什么可计较的，大家在一起，再说我们年龄也大了，计较什么呀，锻炼身体，把身体搞好，社会活动搞好，我就开心了，真的，我是尽心尽责的，我说我有什么都教给你们，我毫无保留的，看到她们打得很好，我觉得我真的好开心，好像捡了个宝一样的，真的好开心好开心”。（2010 年 11 月 7 日，大众锻炼者 ZXM-1 访谈记录）

第二，改进了身体形象。首先，木兰拳锻炼者大都经历了体形的改善。“她们（锻炼者）刚来的时候，个个都是腰粗体大的，很胖，看着比真实年龄大很多。我们这里面还有几个 70 多岁的练习者，其实他们一直坚持，现在精神面貌都很好，还有很多身体不是很好，现在根本看不出来”（2010 年 4 月 30 日，大众锻炼者 WWH-1 访谈记录）。其次，她们多在他人评价中得知自己锻炼前后体形改变的效果。“我自己也没有特别注意的，就是单位里面的同事见到我，说我你好像越来越年轻了，身材也变好了。无意当中说的，还有就是打木兰拳的朋友都说，你现在和以前两样了，以前老胖”（2010年8月1日，大众锻炼者XGY-1访谈记录）；“我以前出去买衣服的时候，我说这件衣服多少钱，别人看到我理也不理我。现在我出去买衣服，人家说你身材这么好，这件衣服你穿上一定好看。现在都是说我身材好，没有理都不理我的”（2010年8月1日，大众锻炼者XGY-1访谈记录）。最后，她们不仅对锻炼得到的“体形”成效无比自豪，也将良好的体形与木兰拳锻炼划上了等号。“我女儿满骄傲的，说我妈妈打木兰拳的，打得很好的，今年我女儿4月22日结婚，我就穿了一件旗袍加一件披肩，我换好衣服出来以后，全场一片哗然，都说比我年轻时自己做新娘子还漂亮（笑），打拳了以后，通过锻炼，气质也有明显改变，大家拍照的时候都能看出来，因为打拳让人明显看出变化，比如身材，后来我亲家的亲戚说你们家是不是练跳舞的吧，我亲家就说是打木兰拳的，人家说：噢，怪不得看上去两样啊”。（2010年8月1日，大众锻炼者XGY-1访谈记录）

第三，改变了气质。首先，木兰拳锻炼后转变了气色。对于木兰拳锻炼者的康复，指导员这样说：“两年前吧，我有个女弟子，她刚退休吧，内退，胃癌开刀的，听说木兰拳很好，她就到我这个站点，她说这个动作很好，她打了一段时间，大概是有半年时间，就慢慢地练嘛，就觉得人有精神，有力气了，脸色都发红了，本来没血色的嘛，到今年已经两年多了，打得很好，我们比赛表演喊她出来，打了好多套了，她能够走几个小时的路，都不累的”（2010 年 11 月 7 日，大众锻炼者 ZXM-1 访谈记录）。其次，木兰拳锻炼增添了朝气。每天至少练一遍木兰拳、坚持 10 多年的程秀华说：“练过之后周身轻松，感觉很有朝气！很多姐妹问我：‘用的是什么化妆品？在哪里做的美容？’实际上我没去过美容院，也没特意用什么品牌的化妆品，这都是练习木兰拳带给我的实实在在的好处。”[1]再次，木兰拳锻炼还熏陶了她们的精神面貌。如一位锻炼者说：“我们站里有一个年纪大的，去年 79，今年 80 岁，我们刚给她做了个 80 岁的寿嘛，很精神，出去，人家看不出她是这个年龄的，最多讲她是 70 岁不到，像我也是，我出去，人家绝对不相信我是 70 多岁的，我还讲，我是 70 岁，人家说，啊？你 70 啦，我说，真的不骗你，我那个那个……就是老年人用的那个老年卡，每次上车都要闹笑话的。”（2010 年 11 月 7 日，大众锻炼者 ZXM-1 访谈记录）

总之，被木兰拳的舞姿、配乐、服装等美的元素所吸引的中老年妇女，在木兰拳锻炼中通过“提高身体的舒适感、改善睡眠质量”感受到身之健，通过“心情的舒畅、精神的饱满，以及良好的身体姿态、改善的自我形象、洋溢的健美

---

[1] 佚名，程秀华．木兰拳让我更健康更年轻［EB/OL］．http：//press.idoican.com.cn/detail/articles /20091229 577B024/.2009-12-29.

气质”体验到心之健，而最终留下了由健身健心而美身美心的“美容”的集体记忆。

第三节　退休者重建生活的“媒介”

退休是人到老年的标志，也是人生的重要转折点。退休者如何处理好空闲时间，是他们必须面对和规划的第一要务。为此，不少退休者在利用武术当作打发空闲时间的活动方式后重建了自己的退休生活。

一、消磨时间的方式

第一，填充空闲时间的活动内容。首先，在由工作人到退休人的角色转换中，原先工作人所期盼的休息时间成了退休人难以消解的生活时光。因此，如何打发一下多了这么多的空闲时间，即成为退休人必须面对的重要问题。

> 因为毕竟是几十年的工龄（忙）下来啦，好像（退休了）一下子（总待）在家里，适应不了，不知道这么多时间该干什么。（2010 年 6 月 24 日，大众锻炼者 YLJ–1 访谈记录）

其次，在处理退休后空闲时间的各种尝试中，不少退休人发现，武术锻炼是一个消磨时间的好方式。太极拳锻炼者这样说："我们退休以后没有事情做了嘛，老有所为，老有所乐，总要为自己找点事情干干，（所以）就练了太极拳。"（2010 年 5 月 21 日，大众锻炼者 ZCD-1 访谈记录），"我 1999 年退休以后，在家呆了一年，家里人都去上班了，就我一个人在家，没事干。后来就想到公园里面玩一玩，解解闷儿……看到何老师在打太极拳，把我吸引住了，我就开始练太极拳了"。（2010 年 5 月 7 日，大众锻炼者 CLF-1 访谈记录）一位木兰拳锻炼者如是说：

> "我原来的生活就是上班、下班、上菜场、烧饭，做得时间长了感觉人就像机器人一样的，很枯燥，我就想在 24 小时生活里再增加点色彩，看见她们跳舞，就觉得她们活得很开心，我想我也可以改变下我的生活，我也就参加她们的木兰拳锻炼。"（2010 年 8 月 1 日，大众锻炼者 XGY-1 访谈记录）

再次，在退休人以武术锻炼填补以前未遇、现在难以招架的"时长、量大"的空闲时间后，武术锻炼也作为新的"工作"内容，在一定程度上缓解了他们退休后"无所事事"的失落感。

> 因为我练太极拳，我要看书（学拳），我要看带子练动作，（这些活动使）我都要花时间去做的，所以就没有多少空闲时间了。（2010 年 7 月 28 日，大众锻炼者 SML-1 访谈记录）

武术锻炼成为退休人日常生活的“作息时间表”，他们不仅形成了以武术锻炼作为主旋律的“新”生活，而且武术锻炼也成为他们的“第二职业”。

（我）一般每天早晨七点，打（太极拳）到大概九点，九点半回去……下午三点左右我还到楼下小区里找一个比较空的地方再打一会儿（太极）拳。（2010年7月28日，大众锻炼者SML-1访谈记录）

天天都练的，下雨天也练，过年也练……我不打拳，老公就说：“哎，你今天怎么啦？”哎呦，我一天不出门就好像没方向了，好像什么事也不想干了。拳打好了，与人交往了，回家也（就）开心（了）。（2010年4月26日，大众锻炼者HLL-1访谈记录）

在将武术锻炼作为“职业”后，他们不仅在公园“上班”集体练习太极拳，而且“下班”后在家独自锻炼太极拳。“不仅每天要到公园或小区练习太极拳，回家后还看太极拳碟片或视频锻炼”。（2010年6月24日，大众锻炼者GYT-1访谈记录）

二、改善生活的手段

第一，武术锻炼成为离开单位退休人保持正常人际交往的途径。首先，退休人的生活重心在由单位转到家庭琐事之后，虽然自由支配的时间大量增加，但与之交往的对象和人际交往的机会却骤然减少[1]。这样，太极拳锻炼也就成为他们应对“社交缺失”新生活的举措，为他们提供了走出家门、融入社会而拓展与人交往的渠道。

> （练）太极拳最大的特点就是大家能碰头，因为没单位了嘛，大家退休了，能聚会，能说说话，心里就很开心。（2010年4月26日，大众锻炼者HLL-1访谈记录）

其次，武术锻炼增加了退休者的社会交往。“（我退休时）我老公还在上班，我一个人在家，没有人说话，这个时候的心情是很不好的。你到公园里打拳，可以先讲一讲，交流交流，这个心情就不一样了”，“（后来）我老公也开始学拳了，我们两个全部打太极拳了，在家有话题聊了，以前我一个人打（太极拳），跟他没有交流的（话题）吧，后来他也打太极拳了，好了，两个人的感情就更加浓了”（2010年6月24日，大众锻炼者YLJ-1访谈记录）。再次，社会交往的武术锻炼也在一定程度上消除了退休者的孤独感。“我只有一个儿子，在抗日战争中参加八路军牺牲了，老伴儿也去世了，但是我并不感到孤独，是太极拳把我和村里的年轻人缠在一起了，使我越活越年轻”❷。

❶孙利芳，林梅．浅谈离退休老人的心理变化及干预对策［J］．科技资讯，2010（7）：223.

❷张纯本．访太极拳乡——陈家沟［J］．新体育，1982（6）：38-39.

学习太极拳以后，自己有这个要做了，好了（我）把这个一身的注意力全放到太极拳里去了。这样一来我这身体也好了，失落感也没有……因为（一起锻炼的）人多了，好像大家像自己姐妹一样的，心情好了，性格也开朗了。（2010年6月24日，大众锻炼者YLJ-1访谈记录）

最后，武术锻炼还部分消解了退休者的消极情绪。“(老公去世后）我在家呆着就更无聊了，要悲伤了，要想老公啦，都十二点多了，还睡不着，还在想。后来我早上打（太极）拳要早起的，就不能睡觉太晚，我现在就五点多肯定要起来的，不睡懒觉的，所以，（我）晚上九点多就上床睡觉，早上早起去练拳，已经都养成生活习惯了，我现在的生活习惯就挺好的”。（2010年6月24日，大众锻炼者GYT-1访谈记录）

第二，武术锻炼丰富了退休人的生活。人与人之间的关系具有弥散性，在以武术锻炼为手段重新融入社会，成功建立新的交往网络后，退休者的生活内容也会以武术锻炼作为源点向四周扩散，并于此处发现源源不断的晚年乐趣[1]。首先，“游学他处加散心旅游”的“学中玩”式太极拳锻炼方案增添了退休生活的色彩。

[1] “(单位中）的关系具有弥散性，因为一旦人们相互间具有了‘关系’，那么所涉及到的就不仅仅是工作或公事，而且还包括生活、学习、家庭等各方面”。李汉林. 中国单位社会议论、思考、研究［M］. 上海：上海人民出版社，2004：31.

我们（经常）去外滩(向别的老师）学（太极）拳，同时也是去玩玩，每个月都去城隍庙兜一圈。（2010年6月24日，大众锻炼者GYT-1访谈记录）

其次，“锻炼加竞赛”的“练中赛”式太极拳锻炼计划也使退休者保持“一颗年轻的心”。

一位指导员如是说：“我为了让他们提高啊，就组织交流。我的方法就是一面教，一面就让他们比赛。要他们一组一组地比赛，那个时候他们就能提高（技能）了，（所以）大家学得都很高兴。”（2010年5月12日，大众锻炼者DQZ-1访谈记录）

一位退休锻炼者兴奋地说：“一边学，我们（还）一边去比赛（太极拳），我们年年得冠军，我们森林公园（太极拳队）在精武会有一点名气的，在外面也有一点名气的。”（2010年6月24日，大众锻炼者YLJ-1访谈记录）

最后，武术锻炼还以社会形象的重塑坚定退休人“老有所用”的信念。一位太极拳锻炼者说：“因为有了太极拳，我就完全改掉了（打麻将习惯），因为（锻炼）太极拳要看书，我要看带（子）练动作，没时间打麻将。最主要是（练）太极拳（会）给下一代（未来的孙子或孙女）留一个好形象。”（2010年7月28日，大众锻炼者SML-1访谈记录）

三、组建大家庭的载体

第一，在社会体育指导员主导下的“仿师徒”关系营造了“家”的氛围。首先，指导者扮演家长角色而体贴锻炼者。一位退休锻炼者这样回忆他的太极拳指导员：“他对他的学生录像、拍照，还做小礼品给学员，他想得很周到的啊。”（2010年5月12日，大众锻炼者DQZ-1访谈记录），指导员如此表达对锻炼者的关怀。

> 我看他们（一套太极拳）学会了，（就）给他们摄像，拍录像，拍下来让他们自己回去看，一段时间（摄像片段）积累的比较多了，（我就给）每个人专门做一个集，刻一张盘给他们留着作纪念。以后老了，（想想）当初50来岁的时候还能打打（太极拳），对吧，到七八十岁来看看，可能很有意思。（2010年5月21日，大众锻炼者ZCD-1访谈记录）

其次，锻炼者以学生角色关心指导员。锻炼者不仅于重要节日以亲手制作的礼物表达感激之情，如有指导员这样回忆学生送的礼物。

> 过节日，他们（学生）总是要给你买礼物的，不一定是很贵的，都是很有意义，（多是）他们亲手做的。去年教师节，他们用珠子做了一个“老寿星”和“福乐猪”，因为他们知道我是属猪的，很好看很好看，我就

放在家里了，这个比花钱有意义得多了！（2010 年 5 月 12 日，大众锻炼者 DQZ-1 访谈记录）

而且锻炼者也给生病的指导员以亲人般的照顾。一位退休锻炼者如是说：“何老师住院（的时候），我就每天过去伺候他。”（2010 年 8 月 27 日，大众锻炼者 YJS-1 访谈记录）再次，指导员和锻炼者之间彼此珍惜对方的情谊。例如，一位指导员练拳一定要身穿锻炼者为之修补的衣服。“要打拳了，我就穿这个衣服，（因为这是）我徒弟给我补的，我不舍得丢的！”（2010 年 5 月 12 日，大众锻炼者 DQZ-1 访谈记录）最后，锻炼者也彼此关心对方，不仅当面询问对方的缺席原由，而且通过电话询问对方的缺席之故。

就像我两天没来（练拳）了，他们一见面就问：“小管（前两天）怎么不来啦？出什么事了啦，是不是生病啦？”（2010 年 6 月 24 日，大众锻炼者 GYT-1 访谈记录）

（我）两天不来（锻炼），电话马上就打过来，“你怎么样啊？有事啊？怎么不来啊”？（2011 年 3 月 31 日，大众锻炼者 HLL-2 访谈记录）

另外，他们还集体慰问身体有病的锻炼者，甚至轮流照顾住院的拳友。“我生病的时候有二十几个人买了东西来看我的”。（2010 年 6 月 24 日，大众锻炼者 GYT-1 访谈记录）

> 大王的老公没了，她住院动手术的时候，是他们几个（在一起锻炼者的人）过去照顾她的，端水的端水，买饭的买饭。都是他们轮流照顾的，直到一周以后大王可以出院了……因为她儿子和儿媳要上班，白天没有时间去照顾她啊！（2010 年 1 月 8 日，大众锻炼者 DQZ-3 访谈记录）

最后，他们不仅亲如一家，而且也以家庭成员称谓彼此。一位太极拳锻炼者兴奋地指着合影照片说："我们这一组关系特别好啊，所以我就说，他（卓崇定）是大哥，她（卓之妻）就是大嫂，这个是二姐，这个是小弟，她年龄最小，就是三妹……我们就这样叫起来啦，哈哈，特别亲切！"（2010 年 1 月 8 日，大众锻炼者 DQZ-3 访谈记录）

第二，"大家庭"组建了"一个中心、多个点"互动的社会关系网络。太极拳锻炼空间的社会关系网络的"一个中心"是指导员，指导员处于社会关系网络的核心，面对每一位锻炼者（多个点），扮演太极拳锻炼空间集体活动的"组织者""服务者"，形成了莫雷诺研究"领袖"与"独立的个人"非对称性时所绘制的"明星图"[1]。

首先，指导员掌管集体的"公共资金"。一位指导员这样说："对于参加比赛的奖金、活动经费大家都没有要，都是（说）'你拿着，你拿着，反正搞活动的时候还要再拿出来就是啦'。所以，每次剩余的钱啊什么的，他们都会交给

[1] 刘军. 社会网络分析导论［M］. 北京：社会科学文献出版社，2004：31-32.

我管。”（2010年8月9日，大众锻炼者LL–2访谈记录）其次，指导员的“权威”中有着锻炼者的信赖。锻炼者这样回忆，做练功服的用料是“老师介绍的好料子，我就做（太极服），缎丝的、丝麻的”（2010年6月24日，大众锻炼者GYT–1访谈记录）；指导员如是说，“我一组织活动叫他们（锻炼者），他们都会说：‘行，行，你陆老师做的我都支持’”。（2010年8月9日，大众锻炼者LL–2访谈记录）再次，指导员的权威是以全面周到地规划集体活动为基础。一位指导员回忆道：“就是有时候我觉得他们累啦，有时候跑很远的地方（去玩或比赛），我就说，我们打的士去吧。但是有时太贵了，（如）上次我们去高桥，我知道要（车费）三十几块，我（就会）说‘我们打的去吧’。但是呢，这次要去更远的地方，要五十几块，我说，‘我们不坐了，我们换车，打的士打到车站，（然后）再换一下车’（这样可以节省不少车费）。就这样，一个要考虑到这么大热的天（他们）也不容易，但是经费上我也要控制一下，因为我们有是有点，有大概一千多块吧，但你不控制，一下就没了。就是要考虑得很细，既不能叫大家觉得太苦，又不能太奢华，奢华我们是做不到的。”（2010年8月9日，大众锻炼者LL–2访谈记录）最后，指导员的权威体现在集体利益至上的胸怀和主动服务的自觉。他们不仅要主动服务锻炼者，指导员的口述是，“每次学之前我就把那个碟片在电脑上复制给他们（锻炼者），（并给他们）刻录，每个人一套”（2010年5月21日，大众锻炼者ZCD–1访谈记录），而且他们还要有集体观念，服务每个人，“有一次做衣服，做衣服就是集体做，他们（裁缝）给送过来，送过来以后，我就先把钱（替其他人）给付了然后再分发到每一个拳操队里去”（2010 年 8 月 9 日，大众锻炼者 LL–2 访谈记录），甚至要有牺牲精神，指导员的口述是，“首先，你做了工作（教他们太极拳了）没有钱，你气度要大。有时候你还要贴点钱，你气度还要大”！（2010 年 8 月 9 日，大众锻炼者 LL–2 访谈记录）

可见，大家庭是在指导员主导下进行技术锻炼，也在指导员主导下组织社会活动。在这样的武术锻炼大家庭中，锻炼者和指导员之间构建了“辐射型”的师缘关系网络，形成了“一个中心，多个点”的非对称性网络（如图 1 所示）。

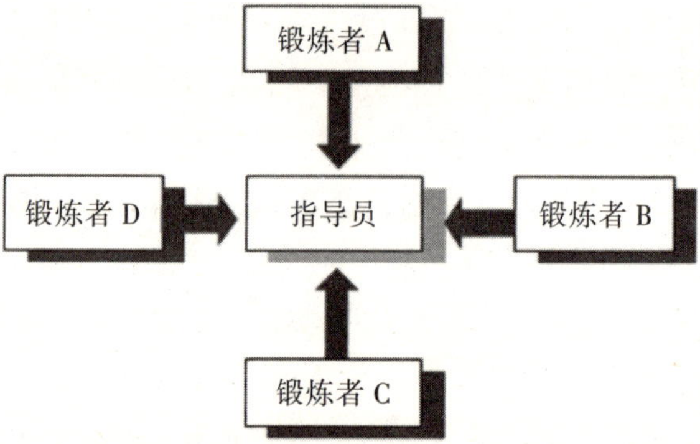

图 1 “一个中心、多个点”的关系网

第三，“大家庭”也形成了“分层梯形”互动社会关系网络。有些锻炼空间的指导员和锻炼者社会关系并非均衡分布，而呈分层梯形状：指导员——助手——锻炼者。

首先，指导员选择技术好的锻炼者作为助手协助其教学训练工作。一位技术活动助手这样口述自己的协助性工作，“那时候是师父负责，师父出点子，我就去做”。（2011 年 3 月 31 日，大众锻炼者 HLL-2 访谈记录）他们不仅作为助教，协助指导员教学，而且在教学比赛中负责组织工作。指导员 DQZ 如是说：“（交流比赛时）我印了一张纸，（人手一张，告诉大家）打分怎么打：衣服要整齐，动作要整齐，（动作随）音乐要准，像走路一样，步调要一致。然后每个组的组长出来一起打分。”（2011 年 1 月 8 日，大众锻炼者 DQZ-3 访谈记录）其次，指导员选择有奉献精神、社会活动能力强的人作为助手负责团队的社会活动。社会活动助手，常常以组织活动能力和乐于为团队社会活动提供志愿者服务，而在武术锻炼空间的社会活动中“一展身手”。如锻炼者口述道：“师父觉得我蛮有能力的，那个时候师父就叫我弄活动。大概从 2005 年，我就开始搞小型的运动会、交流会”（2010 年 3 月 31 日，大众锻炼者 HLL-2 访谈记录）；指导员回忆自己的社会活动助手时这样说：“搞活动时，我们中午不回家的，‘大王’他们几个就去买面包啊、茶叶蛋啊给大家。我们就一起唱歌，有时候我领唱，有时候是‘大王’也会领的”（2011 年 1 月 8 日，大众锻炼者 DQZ-3 访谈记录）；“哎呦，她的个子那么小，还每天替我背着那么大的录音机，还帮我记账，管钱，我们拳操队有什么钱我都是让她拿着。最后，因为她要搬家了，她要走的时候还把一个本子和剩余的三百多块钱都交给我了”（2010 年 3 月 31 日，大众锻炼者 HLL-2 访谈记录）。最后，指导员选择具有某些一技之长的人作为生活助手，通过这些生活助手将武术锻炼空间运作得更为有序。指导员这样评价生活助手，“他很聪明的，他什么都能干。他以前在单位是做修配工作的，我们的录音机坏了，修一修就得二十块在店里。（有时）还修不好，修了两次都没修好。后来他说，‘我来干吧’。他（以前）没修过这个，但是他有这个动手能力，哎，（结果）他就修好了，（一直用）到现在都没坏过”。（2010 年 3 月 31 日，大众锻炼者 HLL-2 访谈记录）

可见，指导员根据锻炼者的能力，因材选用一些技术助手、社会助手、生活助手，共同运作武术锻炼的空间。在充分利用锻炼者的能力和资源，聘技术优异锻炼者作为技术活动助手，让社会活动能力强的锻炼者担任社会活动助手，请乐于助人、具有一技之长的锻炼者为生活助手，并以助手这一中间环节增强武术锻炼组织的绩效，提高武术锻炼空间的社会活动效率，优化武术锻炼空间的社会活动，而最终形成交叉重叠的分层梯形网络（如图 2 所示）。

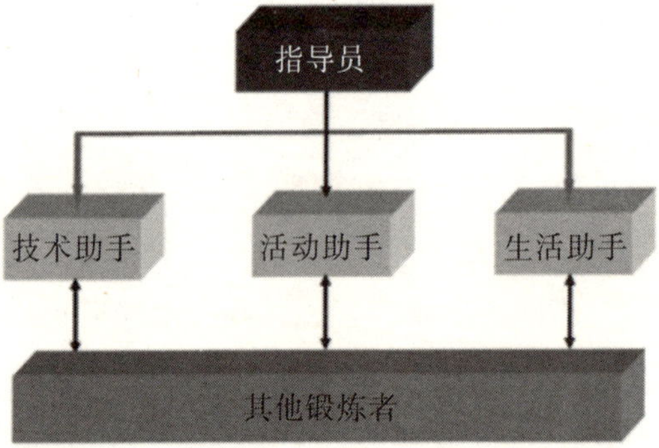

图 2　大家庭的“分层梯形”关系

总之，退休人以武术锻炼填补一下子多起来的空闲时间，将武术锻炼用作消磨时间的活动之后，他们不仅在武术锻炼中促进了退休后的社会交往、消除了退休人的孤独，在“学中玩”和“练中赛”中丰富与改善了退休生活，而且还在指导员主导下共同组建了具有“一个中心、多个点”和“分层梯形”的“武术之家”。

第四节　绝症患者的“救命稻草”

癌症已成为威胁人类健康和生命安全的头号杀手[1]。面对顽症，广大癌症患者选择武术作为医学治疗的补充，用作增强生命力的手段；同时，他们也组建社团，彼此激励，互调心理，而坚定信心、强化意志地与癌症抗争。

一、在怨天尤人的绝望中选择气功锻炼

第一，身患癌症的绝望。在得知病情、经历手术和化疗的癌症患者常常不同程度地陷入绝望之中。

感觉天要塌下来了！因为我们现在一些影视节目、文学作品，把癌症描述得很恐怖。你要安排一个人物去

[1] 我国每年有 250 万人患有癌症，约有 160 万人因癌症去世。到 2020 年，估计癌症新发病率将由目前的 2.5‰增长到 3‰。赵平.四成癌症可治愈［J］.中国经济周刊，2010（2）：12.

死，就让他得癌症。（2010 年 10 月 12 日，大众锻炼者 ZJX-1 访谈记录）

在感觉“天塌下来”后，他们不是将身患癌症归因于苍天不开眼，就是责备命运的不公。“1979 年我不幸患脑癌，1981 年复发，因身体指标低下，不能手术。我才 20 多岁，苍天怎么这样不开眼”[1]。“我 29 岁结婚，30 岁有了儿子。刚过了几年舒心的日子，34 岁又得了癌症。面对大海，我仰天长啸：天啊！为什么命运对我是这么不公平”！[2]

第二，绝望后的抉择。首先，这些癌症患者在医生与亲友的建议下尝试气功锻炼。肺癌患者 MFW 说：“看病的医生也跟我介绍，他说像你这个病应该练练郭林气功，对癌症病人特别有好处”（2010 年 10 月 12 日，大众锻炼者 ZJX-1 访谈记录）；肠癌患者 MFW 回忆道：“在做化疗的时候呢，医生推荐练习郭林气功，那是患结肠癌以后，那是 1992 年”（2010 年 4 月 16 日，大众锻炼者 MFW-1 访谈记录）；“1990 年 7 月，她因便血去县人民医院检查住院，最后确诊为胃低分腺癌晚期并向胃小弯淋巴转移，后赴上海住院手术做了六个小时，胃切除五分之四。回到家里，她除了一边服中药，一边还千方百计打听强身健体的方法，后经人介绍说抗癌健身法是一个很不错的功法，能够挽救延长很多癌症患

[1] 唐伶俐. 郭林老师扶我走上康复路［EB］. http：//guolinqigong.blog.163.com/blog/static/ 120314029201002652724360/.2010-01-26.

[2] 赵继锋. 拼搏抗争、探索求知、奉献社会［EB］. http：//guolinqigong.blog.163.com/.2011-01-27.

者的生命。她不顾身体的虚弱，不顾家人的担心，不顾自己刀口的隐隐作痛，请家人用自行车推到公园学练气功，人家三十天练会的全套治病功法，她只用一个星期就基本掌握了”❶。其次，他们在其他病友的抗癌努力中看到了自己的希望。刚刚过上好日子34岁身患癌症的赵继锋说，“我来到公园，看到许多北京和外地学功的病友……他们中间有的病情比我还严重，有的已经多处复发转移，有的已进行了多次手术，但他们与常人一样乐观地谈笑风生……一直沉浸于悲伤、恐惧、绝望中的我看到了希望的曙光……仿佛有了与癌症抗争的武器”❷。最后，他们抱着“试试看”的心理“病急乱投医”地选择了气功，一位肝癌患者在吃了许多药无效后选择气功一试，“吃了很多药，越吃越严重，实在是没招了……就（练气功）试试看吧”（2010年5月8日，大众锻炼者LCZ-1访谈记录）；肺癌患者甘汉珍在百试治癌药品后最后选择了气功，“在生了绝症之后，病急乱投医，什么‘还生丹’‘癌复康’‘生命能量口服液’等许多治癌药品，只要说能治肺癌的，我都要一试……最后我找到了气功”❸；胃癌患者锺达元口述道：“生病前我是不相信任何气功的。上世纪七八十年代，曾几何时各种气功在社会上风

❶袁萍. 抗癌健身法重燃她生命之光［EB］. http：//guolinqigong.blog.163.com/. 2011-01-11.

❷赵继锋. 拼搏抗争、探索求知、奉献社会［EB］. http：//guolinqigong.blog.163.com/.2011-01-27.

❸甘汉珍. 你可以不信，我不能不信［J］. 中国气功，1994（9）：21.

行……对我来说是不屑一顾。我对郭林新气功的认识是有一个过程的，手术后出院第二天，经患有同样疾病的癌友介绍，我参加了'南通市癌友康复协会'，知道了有个'郭林新气功'，据说还能治癌，我实在不敢相信……书上写的只是典型病例，是个案，讲不好听的，书上光拣好的写，不是科学统计数据，说服力不强，再说，在我身上能有效吗？所以还是半信半疑，到体力恢复一点后开始试试"[1]。

二、在病友的社会支持中坚定锻炼信心

第一，癌症患者被病友气功锻炼的氛围所感染。首先，从病房走到气功锻炼场所的癌症患者，他们感受到的是其他癌友的信心，看到的是癌友成功抗癌的榜样，而逐渐改变了"癌症等于死亡"的观念。"每当看到同病房的病友抬出，听到其家人那撕心裂肺，犹如天塌地陷的哭声，我仿佛看到了自己的未来。我恐惧绝望了，人生就这样了结，下一个是否轮到的是我……我终日精神恍惚、神不守舍……我怀着忐忑疑惑的心情来到了公园，看到了许多北京和外地学功的病友，这里完全没有医院中那种悲戚的场面，他们中间有的闯过了三年、五年、十年……有的已正常上班工作……我看到了希望的曙光……就像有了武器，树立了与癌症抗争的决心

[1] 锺达元. 练郭林新气功、走十年康复路［EB］. http：//guolinqigong.blog.163.com/.2011-01-07.

与信心”[1]；癌症患者洪伟说，“得了癌症后，整天在家无所事事，心情抑郁，精神不振，参加学习班后，和大家一起练练功，互相勉励，心态变了，积极抗癌的决心上升了，消极悲观的情绪消失了”[2]；在访谈中，肺癌患者ZJX说，“这样一个组织，里面有很多癌症病人，他活了十年、二十年，他的这个榜样力量给了我们信心，生癌他怎么会活二十几年，生癌症不可怕嘛！能够康复的嘛！对吧！”（2010年10月12日，大众锻炼者ZJX-1访谈记录）其次，不再恐惧的癌症患者，没有了当初的绝望，逐渐树立“过好属于自己的每一天”信念，而增添了几分坦然，提高了应对自己的病情的能力。“1995年2月26日，我又到医院复查，结果让我大吃一惊，原来缩小的肿块又开始长大，并且数量有所增多。我没有怪中医的无用，没有埋怨郭林气功没用，只是暗暗地对自己说：‘反正我赚到了，我不是只能活三天，最多活三个月的人吗。’对于我来说，没有其他的路可以走，人总要活在希望中吧，这样，会让自己快乐，让家人安心。中药照吃，郭林气功照练，我还是我，活一天赚一天。其实，在练郭林气功的同时，每天能看见太阳的升起，这就是值得庆贺的事情，因为我还活着。坚定郭林气功对康复是有帮助的，这个信念很重要。不烦、不愁、不怨，有一颗平常的

---

❶赵继锋．拼搏抗争、探索求知、奉献社会［EB］．http：//guolinqigong.blog.163.com/.2011-01-27.

❷顾清杭．办好郭林气功班挽救广大病患者［J］．气功，1997（5）：202.

心，认真对待，过好属于自己的每一天。其实，生活就是这么简单”[1]。

第二，气功锻炼群体营造了互相帮助的氛围。首先，在癌细胞转移后是病友为其开导，帮其缓解精神的压力。“我刚开完刀，复查的时候发现肺里面又有了，思想又产生波动，‘完了，又复发了’！是吧？当时思想上一下子情绪又很低落。但是病友，几个比较知心的病友知道这个情况以后，他马上就会跟你聊天、安慰你、开导你，讲讲讲讲，思想慢慢就放松了，就不那么焦虑、那么紧张了”。（2010年10月12日，大众锻炼者ZJX-1访谈记录）其次，是病友将绝望者引导到气功锻炼之中。“（癌细胞转移）那个时候我的情绪是很低落的……转移到肝上面的时候，医生就说马上开刀……我天天哭天天哭，我为女儿做了好多好多衣服，她最起码能穿到十岁。哭到后面我一点都吃不进，吃什么就吐什么，然后路也走不动。癌症俱乐部里面的一些病友啊就是天天轮流陪我，轮流来开导我，要么就是大家一块抱头痛哭，你也哭我也哭，哭过以后互相安慰互相劝，‘哭是哭不好的，要是哭得好大家整天一起哭’！哭没有用啊，只能再去练功，吃药啊，别的有什么办法呢？练练后来病情也没有恶化，我每天练8小时，天天练，病情基本控制住，这个信心就上来了”（2010年5月4日，大众锻炼者LLJ-1访谈记录）。最后，共同的体验使他们具有共同的语言，不仅病

---

[1] 蔡智清．不言放弃、绝境重生［EB］．http：//guolinqigong.blog.163.com/.2009-12-01.

友的建议“听得进去”，“那些确见疗效同志的现身说法、不拘形式地介绍自己的经验与体会，听来更感到亲切”❶，“病友之间的这些劝导、这些安慰比家属都要好。因为，家属啊、亲戚朋友啊，他们都是正常人，他们的一些安慰的话，一些说的话呢，都显得苍白无力。只有病人，特别是有的病人，他也有过反复，但是他也挺过来了，这些人他来安慰你，你就会觉得非常容易听得进。他也反复过，他也复发过，后来他通过一些治疗，不是也挺过来了吗”。（2010 年 10 月 12 日，大众锻炼者 ZJX-1 访谈记录）而且指导员的建议也“说得到位”，气功辅导员对 20 余岁身患脑癌的唐伶俐的建议是“与其怨天尤人不如主宰命运”，“我才 20 多岁，苍天怎么这样不开眼？怎么办？我抱着一线希望跌跌撞撞来到北京地坛公园，找到郭林老师，老师开导我：‘命运不好，不要怪天怪地，生命是由自己主宰的！’于大元老师在旁边也说，‘《国际歌》不是讲得很清楚，从来就没有救世主……全靠我们自己’”❷。

三、在改善身体状况中坚持气功的锻炼

第一，消化功能的改善。气功锻炼加大了横膈肌活动范围，使腹腔内压发生周期性运动，并按摩胃、肠、肝、脾等

❶高文彬. 新气功治癌［J］. 中华气功，1984（3）：42.

❷唐伶俐. 郭林老师扶我走上康复路［EB］. http：//guolinqigong.blog.163.com/blog/static/ 12031402920100265272436/.2010-01-26.

内脏器官，促进内分泌的增加，能够改善消化功能❶。或者说，在入静状态下交感神经的紧张性降低，迷走神经的紧张性相对增高，由于消化系统主要受迷走神经控制，而使气功锻炼具有“加快胃肠蠕动频率、缩短胃排空时间、增加消化腺分泌、增强肠鸣音、增进食欲、提高消化和吸收能力”❷的功效。

首先，气功锻炼改善了癌症患者的胃口、增进了他们的食欲。脑癌患者龚有弟从吃饭时食物难以入口到能够“像正常时那样地生活”，他如是说，“我是一位小学老师，1996年8月，我去桂林医院做了脑瘤手术，当了十几天的‘死人’，全身的血压很高，每天起床看见前面都是一片漆黑，在床上坐几分钟以后，才敢走几步路，走起路来软绵绵的，饮食时，食物经常从口中流出，嘴巴歪向右边有三四厘米之多，胸中像有团火一样烧得很难受……经过几个月的学练(气功)，我的头发长长了，恢复记忆，可以看书、看报，能够像正常时那样地生活”❸；乳腺癌患者杨毅通过气功锻炼也使得自己在化疗期间的饭量增加，他如是说，“在老师的指导下，我练静功两周开始有气感，上下排气，肚胀减轻，就像气流在体内流动，有时在不同部位出现热气团，觉得全

❶张守升．浅析健身气功防病治病机理与作用［J］．搏击·武术科学，2005(7)：60.

❷柴新．从哲学的角度论健身气功［J］．西昌学院学报·自然科学版，2010(2)：125.

❸龚有弟．气功与生命［J］．气功与科学，1998(2)：38.

身轻松、舒服，由于气功的治疗，大大地减轻了放疗的副作用，饭量增加，睡觉香甜，血象一直正常”❶；“以前我每天吃一顿饭、吃一次药……我练功大概四五年后体质就增强了……吃饭也香了”。（2010 年 8 月 16 日，大众锻炼者 SYQ-1 访谈记录）

但是，气功锻炼对饮食的作用具有一定的限度，在胃口大开之后他们食欲也会“慢慢下来一些”而保持在某个水平上。“练功 20 多天的时候，食欲明显涨得很快，比以前差不多涨了快一倍。以前都不爱吃饭，只吃一小碗，早上就喝点粥就完了。现在早上要吃好几个包子，中午感觉还饿，持续了大概有十几二十多天，后来食欲就慢慢下来一些，体重也涨了，十几二十天就涨了有四五斤”。（2010 年 5 月 8 日，大众锻炼者 LCZ-1 访谈记录）

其次，气功锻炼后的癌症患者不仅吃得多而且什么都能吃。钟雅兰（2005 年）如是说，“这个更年期好像也特别‘照顾’体弱的人，反应特别厉害，吃不下饭，睡不着觉，浑身没有二两劲……我每天坚持 2~3 小时锻炼后，面色红润了，体重增加了（由原来的八十斤增加到现在的一百斤）……胃病也好了，吃嘛嘛香，冷热无忌，酸甜皆可，原来这也不能吃、那也不敢吃的毛病没有了”❷。

❶杨毅. 乳腺癌病灶不见了［J］. 中华气功，1984（4）：17.

❷钟雅兰. 健身气功让我平时不锻炼的地方都锻炼了［J］. 中华养生保健，2005（3）：47.

再次，气功锻炼缓解了肠胃病。据气功锻炼者反映，多年的胃炎和胃肠功能失调，给我身体和精神都带来很大痛苦，最严重时晚上只能喝半碗稀饭，不然一夜不得安宁……去年九月巧遇太清功传人——孔德林大师，教给我“太清功”，经过几个月的练功，效果明显……可喜的是把肠胃病治疗好了，晚上能吃饭了，平时肚子也舒服了，这使我非常高兴[1]。

复次，癌症患者在获得锻炼成效后将气功锻炼比作“健康的鸡汤”。在他们看来，锻炼远比食补重要，安排好气功锻炼比吃三只老母鸡更为营养身体。

> 我过去在部队里面，大概训练得了风湿，得了风湿性关节炎，手臂、腿都是肿的，都是对称性的，吃中药、西药来治这个病，把我的胃吃坏掉了……胃也不舒服，人也感到疲劳，什么都不舒服。练了气功以后，不到一个月症状就消失了，症状消失了胃口好、精神好，感觉人很舒服的嘛，所以我一直练啊……这个肚子啊咕噜咕噜地叫，因为通过用气肠胃在蠕动啊，一直叫，因为气达到丹田，丹田在这个地方就相当于起按摩作用啊，按摩肠胃，否则哪能叫啊，感觉很舒服，本来这个便秘，就是大便不太通畅，练了以后很顺畅了……肚子咕噜咕噜，还放屁，是透气啊，肠胃进行蠕动了，促进血液循环，那个肠胃慢慢进行蠕动了，实际上都是气达

[1] 成果．太清功治好了我的肠胃病［J］．中国气功，1996（7）：18.

到丹田了。像蚂蚁爬、放屁啊都是在通气，练了以后胃口好，我跟你讲，练得好❶比你一个月吃三只老母鸡都好，三只老母鸡都抵不上它……（2010 年 6 月 20 日，大众锻炼者 LQ–1 访谈记录）

最后，癌症患者气功锻炼体验是，气功锻炼对消化系统的影响会因锻炼的终止而消失。“（坚持锻炼气功的时候）我的身体没有什么感觉到不舒服啊，现在没那么练我就这里痛那里痛，饭吃不下，我练郭林气功啊好像到了时间我就是肚子饿了要吃饭了，精神也挺好，没有什么感到不舒服，要干活就干活要怎么样就怎么样。（现在不练气功了，我）走路也走不动啊，嘴里想吃但是（肚子）吃不下去了，吃下去我就吐”。（2010 年 5 月 4 日，大众锻炼者 LLJ–1 访谈记录）

可见，气功锻炼能够改善胃口、增进食欲，表现为“吃得多了，什么都能吃”，甚至能改善肠胃病，还被锻炼者视为“健康的鸡汤”。但需要说明的是，气功锻炼对消化功能的作用并非一劳永逸，它会随着锻炼的停止而消失，是气功锻炼“进行时”的表现。

第二，睡眠质量的改善。随着社会压力的加大，睡眠质量成为困扰现代人的一大难题。按中医理论解释，失眠是心主神功能异常，心阳亢盛、阳不入阴、情志过于兴奋

❶在追问后口述者解释“练得好”的状况是“早上练一次夜里练一次，每次练 40 分钟”后的得气感。

而致[1]。“阳气自动而之静，则寐；阴气自静而之动，则寤；不寐者，病在阳而不交阴也”（《类证治裁·不寐》）。体内能量（气）的流动，在人体自身内调节能量的平衡[2]，可以调节心理，缓解忧郁，从而改善睡眠[3]。临床上对失眠的解释，是以入睡及睡眠维持困难为特征的一种最常见的睡眠障碍，是睡眠质量或时间达不到正常需求的一种主观体验。气功锻炼通过“三调”进入气功态，使大脑皮质有序化，皮质下中枢亦得以相应的调整，而使神经与内分泌系统处于稳定、平衡状态。另外，由于精神入静，许多负性情绪被排除在意念之外，植物神经功能紊乱、脑血管紧张度增高等症状迅速缓解，提高了对各种刺激的感觉阈限[4]，而最终缓解了失眠。

首先，气功锻炼提高了睡眠时间，改善了夜寐梦多现象。如邹某运用气功治疗失眠，“大学期间由于失恋而致情绪波动，继而出现失眠、心悸，每晚睡眠 3 小时左右，夜寐梦多，敏感多疑、自卑，全身乏力，反应迟钝，注意力不集中……采用气功导引放松，意守涌泉穴 20 分钟，患者感到双侧涌泉穴胀热明显，继以点穴、按摩收功……随访一年，

---

❶尤杏雪. 健身气功·六字诀对老年人生存质量影响因素的研究［D］. 北京：首都体育学院，2009：27.

❷释德慈. 诠释生命现象中的气功理论［J］. 中国气功科学，1999（8）：37.

❸王健. 气功对老年人情绪、睡眠的影响及老年练功人员个性探讨［J］. 中国行为医学科学，1997（1）：51.

❹张守升. 浅析健身气功防病治病机理与作用［J］. 搏击·武术科学，2005（7）：50.

精神、情绪状态良好，未见复发”[1]。

其次，气功锻炼提高了睡眠质量。气功锻炼使得“整夜睡不着觉，好不容易睡着了，又不知什么原因醒来”的状况得到改善，“我高三那年，一次感冒发烧，得了鼻炎、咽炎，丧失了嗅觉而香臭不辨。参加工作后，因工作性质原因和生活上的不规律，从2002年开始失眠，整夜睡不着觉，好不容易睡着了，也不知什么原因会突然醒来，干什么事总是丢三落四。大便溏稀且黏，粘在马桶上很难冲干净，脊柱不正，走起路来弯腰驼背，面色苍白、精神猥琐、两眼无神，才刚刚30出头的我活脱脱一个小老头儿模样。2008年底一次偶然的机会使得我有幸接触了站桩，抱着试一试的态度，开始了站桩，但是没有坚持住，每次只能站十几分钟，就受不了而‘罢站’，三天打鱼两天晒网，没有什么效果。至2009年的10月份才下狠心，坚持站桩，我是一边看电视一边站桩，每天两至三次，开始每次20分钟左右，逐渐增加至每次40~50分钟。两个月后大便溏稀的现象消失了，大便已基本成形，而且睡眠也得到了改善，从此更加坚定了站桩的信念，每天早晚一次，每次1个小时以上，其余时间有空就站。自2009年10月10日站桩以来，只感冒过两次，除此两次外发觉有要感冒的迹象，站上40~50分钟即可消除。目前大便已完全正常，嗅觉也在恢复中，如香皂、牙膏

[1] 熊永强. 气功导引、按摩治疗神经衰弱120例［J］. 按摩与导引，2005（3）：15.

等放在鼻子下随时都能闻到味道（离远了还是闻不到），失眠的症状完全消失，目前是躺下就进入梦乡，一觉自然醒来”❶。

第三，身体活动能力提高。首先，癌症患者体验到“行走能力提高”的气功锻炼成效。20余岁身患脑癌的唐伶俐以由“站不稳、挪着走”到“稳步走”总结其气功锻炼效果，“当时我身体非常虚弱，眼睛复视，只有扶着墙，靠着树，拉着绳子一步一步挪着走。半年后，我渐渐走稳了，身体状况也随之好转”❷，或是由“寸步难行”到“可以走了”的气功锻炼体验。

（我的）结肠癌（是）开刀去掉（肿瘤）的，那是1992年，开刀以后化疗。后来又患了前列腺癌，那是2001年，也是开了刀，然后放疗……我的身体2004年、2005年是最坏的，不能走啊，走不了，练也练不了，后来练习练功十八法，逐步逐步地恢复起来了。腿可以走了，原来腿走不了……腿原来抬不起来，现在能抬了，原先把腿放在这个地方（大约有80厘米高）蛮吃力的，还疼，现在放在这里一点不疼。搁高了搁不了，搁这个地方，我觉得蛮舒服。大胯练完了以后有时候

❶不可．站桩使我走上健康之路［EB］．http：//blog.sina.com.cn/s/blog_5da71e140100kyi7.html．2010-09-07．

❷唐伶俐．郭林老师扶我走上康复路［EB］．http：//guolinqigong.blog.163.com/blog/static/ 12031402920100265272436 /.2010-01-26．

疼，腿搁不上，练练以后呢可以了……一直都坚持，9点到10点半，一直练习练功十八法，还有广播操，还有我自己体会的一些，做什么比较好啊我就做什么。我现在腿脚不好，我着重练腿……我以前就是关节炎，走路疼，一个就是练习练功十八法，一个就是照周林频谱仪，两三个月以后呢，慢慢就好了，现在关节炎都好了。（2010年4月20日，大众锻炼者MFW-2访谈记录）

或是摆脱了以前的腿沉步重而新生“身轻如燕“的“走得飘”之感。一位肠癌患者的气功锻炼体验是，“我们从河南路桥到外滩一直到人民公园，走到后面人说我：‘你累不累啊？’我说：‘一点也不累！’走的时候，人就是有一点感觉飘飘然的，越走越好像飘起来了”。（2010年5月4日，大众锻炼者LLJ-1访谈记录）

其次，癌症患者感受到体力的增强。“（练功）有帮助，那种感觉就是练功以后呢感觉不到累。练功以后感觉精力充沛，你假如精力很差，家里家务一做就吃不消，要休息……我住在5楼，买50斤米我一次都拿上来了。像我现在住在5楼，恐怕你们不是住在高楼的话跑上来还很累，我就是没有这个感觉，上来后气不喘，很平稳”（2010年4月2日，大众锻炼者HSX-1访谈记录）；胃癌患者锺达元“2001年冬天开始练功，需休息一会儿才能勉强支撑上二层楼梯回到宿舍，练着练着体力慢慢恢复。2002年6月27日，于大元老师来南通办班教功，经培训后，练的功目渐渐增多，分三段在早晨、上午、下午练功，体力明显恢复。2004 年元旦我去深圳旅游，整天不休息都不觉累”[1]；原先需要家人用自行车推到公园学练气功的陆佩懿，练功后能够自行走到公园练功，慢慢也“能吃、能睡、精神振作了”，并在抗癌道路上度过了整整二十一个不平凡的春秋[2]。

第四，在气功抗癌中学会了呼吸法[3]。郭林新气功独特的风呼吸法，以其大量吸氧抑制厌氧癌细胞的增殖，改变皮肤电阻和多种荷尔蒙分泌的失调，提高人体免疫功能，促进癌患的治愈[4]。

首先，气功锻炼指导员以呼吸法相授。据癌症患者 LLJ 口述：“卵巢上面有了一个肿块，全部（开刀）拿掉了，后来发现转移到肝上了，医院叫我马上开刀，那个时候你想刚刚开了这么大的刀，又长期吃激素，在这一年里面本身体质就很差的，根本不适宜再开第二刀了，可是不开刀怎么办？后来我就跟我的气功老师说，我自己也哭了，老师说你一年

---

❶钟达元. 练郭林新气功、走十年康复路［EB］. http：//guolinqigong.blog.163.com/.2011-01-07.

❷袁萍.抗癌健身法重燃她生命之光［EB］. http：//guolinqigong.blog.163.com/. 2011-01-11.

❸气功的调息训练加大通气量，大量吸入氧气，加速肺胞内外气体交换，增加血液中的含氧量。致使癌细胞失去生存场所，抑制了癌细胞的生长和发展，血氧浓度的增高，使机体产生一种超常态的气血运行和自我调节，使体内红白血球、血色素升高，增强了机体防御、保护和免疫能力。黄光华.气功抗癌科研述评［J］. 中国气功科学，1997（10）：26.

❹王本元.气功抗癌的自身体验［J］. 中国气功科学，1994（3）：22.

已经练下来了，已经为练郭林气功打下了基础，你就练‘吐音功法’。天天一早就加强功法练吐音，后来练了半年多一些，肝上像黄豆大的那个东西就没有了。没有了就挺高兴的，就坚持天天练、天天练。”（2010 年 5 月 4 日，大众锻炼者 LLJ–1 访谈记录）

其次，根据“虚则补之，实则泄之”的中医原理，气功锻炼者实施以泄法为主的气功锻炼。“开始以强泄为主，待癌症控制后，逐渐增加补法，而使主病兼病均愈，并得到强身健体的作用”[1]。癌症患者 ZJX 如是说。

> 其实我对郭林气功还是蛮相信的，但是我不把它当神话对吧，它能够治好癌啊，这个我不完全相信，至少我觉得我们病人也需要体能锻炼，我觉得郭林气功呢，比较适合像我们这些生癌症病人的，它的运动量不是很大，但是它的吸氧量很大，“吸、吸、呼”，吸氧量很大，消耗体力不是很多，我觉得蛮适合我们这类人的，所以我就觉得它对我们很有好处。（2010 年 10 月 12 日，大众锻炼者 ZJX–1 访谈记录）

体验到呼吸运动益处的癌症患者也能坚持不懈地进行调息训练。如胃低分腺癌患者陆佩懿说，“1991 年 2 月去上海华东医院做术后化疗，在去上海轮船的甲板上她还走着‘吸吸呼’。因医院床位紧张住在地下室，每天清晨她就请求

[1] 王本元. 气功抗癌的自身体验［J］. 中国气功科学，1994（3）：22.

值班护士把通往外面的小门打开到医院外公园去练功，化疗期间仍强忍药物反应坚持练功不间断……第三年冬天去上海复查，她穿着高帮雨靴在雪地里练‘吸吸呼’。第五年到上海复查，她拿出当年的病理报告给医生时，医生还以为她帮别人带报告来的呢，根本不相信是她本人，医生说患这类恶性肿瘤的病人存活率极低，已不在人世了”[1]。

最后，气功的调息训练还改善了癌症患者的呼吸习惯。在采访中，HSX 说：“过去睡觉是嘴巴张开，透气是用嘴巴透气的，现在感觉比较平稳。老年人有个特点嘴巴张开睡觉，因为年纪大了，体质差，用鼻子呼吸不行，现在我们练了郭林功靠鼻子呼吸，郭林功的特点就是靠鼻子不是靠嘴巴，嘴巴要闭上，因为我们用鼻子‘吸吸呼，呼呼吸’都是用鼻子。我们练功后睡觉很快的，倒下去啊，一般 10 分钟之内就睡了，我们没有失眠的感觉，又没有什么压力，很多老人睡眠不好的。”（2010 年 4 月 25 日，大众锻炼者 HSX-1 访谈记录）

总之，绝望中的癌症患者不论是被癌友气功锻炼的淡定感动而坚定投身气功抗癌锻炼的信心，还是带着对气功锻炼效果之疑问而病急乱投医，他们都从同伴那里获得社会支持，也在气功锻炼中留下各自的抗癌记忆，汇聚成气功抗癌的集体记忆。

---

[1] 袁萍. 抗癌健身法重燃她生命之光［EB］. http：//guolinqigong.blog.163.com/. 2011-01-11.

第五节　小结

处于亚健康、身患慢性病的体弱者，常常选择太极拳作为恢复身体功能的康复治疗性“运动处方”，也从“身体和心理的变化、健身经历的交流”中体验健身之效。中老年妇女，不仅为木兰拳运动的美所吸引，而且也从“身体舒适感、睡眠的质量”体验锻炼的效果，从“心情的改善、身体形象的改进、气质的改变”品尝锻炼的心理作用。退休者，在将武术锻炼用作消磨空闲时间后，丰富了退休生活，重组了新的生活样式。癌症患者，在绝望后在医生建议下和病友气功锻炼的坚定中尝试性地选用气功健身，并在病友的社会支持中坚定锻炼信心，在改善身体状况后坚持气功的锻炼。

总之，大众选择武术作为锻炼方式，并在长期锻炼中，一方面增强了基本活动能力，增强了体质，提高了身体免疫力，减轻了病症；另一方面，改善了心理，丰富了生活。换言之，大众在提高基本活动能力后将锻炼制度化，配合医学作用而增强了体质、迈步康复之旅，也在收获身体健康的同时，促进了社会交往、改善了精神面貌。

第二章　武术知青的奋争记忆

我国知识青年上山下乡活动，发端于20世纪50年代初，并于60年代初掀起初澜，“文化大革命”期间形成高潮[1]，而历时20年约有17764800名年龄在15~19岁之间的初高中学生参与其中（国家统计局社会统计司，1978）[2]。其中的“知青”并非“知识青年”的简称，而特指20世纪60年代初到70年代末，下放到农村和边疆劳动的城镇青年学生。或者说，“知青”并非广义的知识青年，而是狭义的“知识青年”，“特指1962年以后知识青年上山下乡安置工作成为国家的一项专门工作，国家正式为上山下乡的城市青年学生发放安置费以后，从大中城市下乡的中学毕业生”[3]，是文革期间毕业的66、67和68届毕业生[4]。本研究的口述对象是以上所言的狭义的知青。

---

[1] 刘小萌．“老三届”学生上山下乡的缘起［J］．武汉文史资料，2009（8）：4-8．

[2] 国家统计局社会统计司．中国劳动工资统计资料1949—1985［M］．北京：中国统计出版社出版，1978：110．

[3] 定宜庄．中国知青史：初澜（1953—1968年）［M］．北京：中国社会科学出版社，1998：2．

[4] 吴艳红．J.David Knottnerus．日常仪式化行为的形成：从雷锋日记到知青日记［J］．社会，2007（1）：98-119．

武术是一个具有广泛群众基础的民族性体育运动，因此，知青群体中就自然少不了武术爱好者，“上山下乡”中也少不了武术知青的武术锻炼。但是，纵观现行“知青”的研究，还没有关于武术知青的研究。为此，我们从武术知青主体出发，于 2011 年 11 月—2012 年 11 月，对 6 名武术知青进行了口述史采访，研究武术知青利用武术一技之长奋力改变自己命运的奋斗史。关于奋斗，梁漱溟认为，“凡一个用力都算是奋斗；我们的生活无时不奋斗……所谓奋斗就是应付困难，解决问题的”，“无论为本能的或未有意识的向前努力”[1]。因此，我们认为，发掘武术知青利用武术“应付困难、解决问题”的“用力”奋斗史，既是推进知识青年研究的需要，也是深化武术功能探讨的需要，可让我们在健康功能之外理解武术对主体人生奋斗的另一意义与作用。

第一节 抚慰精神生活的空虚

“上山下乡”不仅是中国特有的重大历史事件，也因其发生在知青生命历程最黄金的岁月，而成为这一代人挥之不去的心理情结[2]。

---

[1] 梁漱溟. 东西方及其哲学［A］. 梁漱溟全集（第 1 卷）［M］. 济南：山东人民出版社，2005：378.

[2] 王汉生，刘亚秋. 社会记忆及其建构：一项关于知青集体记忆的研究［J］. 社会，2006（3）：46-68. 吴艳红. J.David Knottnerus. 日常仪式化行为：以知青为例的研究［J］. 社会，2005（6）：167-185.

一、由充满希望到精神失落

1956年，中共中央政治局在《1956年到1967年全国农业发展纲要（草案）》中指出："城市的中、小学毕业的青年，除了能够在城市升学、就业的以外，应当积极响应国家的号召，下乡上山去参加农业生产。"第一次提出"下乡上山"概念，后因强调"向山区进军"，于1965年调整为"上山下乡"[1]。1968年12月，毛主席发出号召，"知识青年到农村去，接受贫下中农的再教育，很有必要。要说服城里干部和其他人，把自己初中、高中、大学毕业的子女，送到乡下去，来一个动员。各地农村的同志应当欢迎他们去"[2]。至此，全国范围大规模的上山下乡运动启开了帷幕。关于上山下乡时间段，人们将其圈定为1955—1979（或1980或1981）年之间，并有两阶段、三阶段、四阶段的不同区分[3]。本研究采纳两阶段划分，1955—1968年为"文革"前阶段，其特征是探索与尝试，1969—1979年"文革"后阶段，其特征是"一片红"地全面实施与落实。

---

❶杜鸿林．风潮荡落——中国知识青年上山下乡运动史［M］．深圳：海天出版社，1993：10．富平宁．我国知识青年上山下乡始末［J］．文史月刊，2003（9）：18-19．林木，鹿海鹰．知识青年上山下乡［J］．党史博览，2004（1）：30-31．

❷邓贤．中国知青终结［M］．成都：四川文艺出版社，2009：11．

❸张曙．知识青年上山下乡研究中几个问题的争鸣［J］．世纪桥，2000（2）：61-63．

第一，强劲宣传的“虚幻的乌托邦”。官方的宣传虽不否认上山下乡可能面临的困难，也不隐瞒农村生活艰苦的真相，但特别强调从中所收获的东西。例如，学校课本中农民崇高形象、知青下乡光荣的宣传，对下乡地点异国情调或田园风光的介绍[1]，甚至套用学生熟悉话语将农村比拟成大学，为学生描绘了前途无量的景象[2]。

> 那时候的口号就是，“农村也是大学”，我们也都相信，农村是一片广阔的天地，知青要到农村去接受贫下中农再教育，在那里可以大有作为，我们相信自己一定会锻炼成为“又红又专”的革命接班人，我们甚至充满期待地规划着自己的美好将来……（2012 年 8 月 12 日，武术知青 TZG 访谈记录）

同时，各地组织也在城镇青年学生报了名、接到调令之后，举办一个特殊的出征誓师仪式——在毛主席像前站好队，举起拳头宣誓：最最敬爱的毛主席，我们将遵照您的“知识分子与工农相结合”的伟大指示，循着这条革命的道路一直走下去，走到底，永不回头！[3]其中，不论是胸怀理想的主动性、被大潮裹挟的被动性还是“晚走不如早走”等

---

[1] 潘鸣啸. 失落的一代：中国的上山下乡运动：1968–1980［M］. 欧阳因，译. 北京：中国大百科全书出版社，2010：213

[2] 潘鸣啸. 失落的一代：中国的上山下乡运动：1968–1980［M］. 欧阳因，译. 北京：中国大百科全书出版社，2010：212.

[3] 顾洪章. 中国知识青年上山下乡始末［M］. 北京：人民出版社，2009：99.

功利性[1]，在众多力量的作用下知青被动员了起来，他们大多带着好奇心、理想来到农村。

我们采访的武术知青多为“一片红”阶段“上山下乡”，他们或因整个一届同学全部报名而从众，或因组织统一安排而服从，同时也在响应党的号召中或带着主动报名的“扎根”信念或“接受安排”的被动念头，去了农村这个广阔天地。

当然是自己报名去的。当时它是个动员么。就是说当时上山下乡一片红啊！……虽然我是家里的独苗，我也主动去报名了，我们正好是69届么，69届那个时候正好是一片红么，就是全部要。当时呢……就是……我呢就是说，我也感到人家为什么可以去，我们不能去？(2012年5月23日，武术知青LGX访谈记录)

当时报名，整个我们那一届毕业的，我们是第一批走，最早走的……当时的心情是怀着一辈子到安徽去了。(2011年11月30日，武术知青LTW访谈记录)

这个时候一片红么。上山下乡一片红么，不是接通知，是每个人都要去。甚至在地方上面，到哪里去，是由你选择的？服从安排咯！去到农村是百分之一百的。(2012年8月12日，武术知青WZQ访谈记录)

[1]李巧宁．知识青年上山下乡心态探析［J］．求索，2004（1）：236-328．叶青．“文革”时期知识青年上山下乡社会心理探析［J］．福建师范大学学报（哲学社会科学版），2011（5）：102-106．

第二，切身体验的“冰冷的现实”。许多第一次坐火车、坐轮船的知青，不同于城市风光的沿途风景令他们大开眼界、兴奋不已。

> 反正是在山沟沟里面。先火车，再汽车。汽车下来以后，再卡车。卡车下来以后没路了，就是往山里面去。山里面那个羊肠小道，一直往山上爬。老百姓就扛着我们的箱子，我们么就两手空空的上去。这么羊肠小道，一路走路，一路手上拿着小竹竿要赶，附近有蛇，窜来窜去，还有小的野兽。（2012 年 8 月 12 日，武术知青 WZQ 访谈记录）

然而，到达目的地却让他们大失所望，眼前的景象与他们的想象天壤之别，相差了十万八千里[1]。“除了个别几个来自小镇的之外，所有知青，不管对下乡的热情程度有多高，全部都受到极大的冲击。他们觉得被抛弃到了另一个世界，那是意想不到的落后”[2]。

> 还没到达目的地之前，我们一直很高兴，有说有笑，兴高采烈的，因为可以和同学、伙伴们一起去一个新的环境，可以不受父母的管束了，而且听说农村是有

[1] 潘鸣啸．失落的一代：中国的上山下乡运动：1968—1980［M］．欧阳因，译．北京：中国大百科全书出版社，2010：227．

[2] 潘鸣啸．失落的一代：中国的上山下乡运动：1968—1980［M］．欧阳因，译．北京：中国大百科全书出版社，2010：230．

> 山有水，山清水秀。但是，当我们到了那儿，一看就傻眼了，看见农民那个脏呀，还有那个偏僻的地方一片荒芜、破烂不堪。我们就万分焦虑、极度恐慌，当没有人时，我们就一起抱头痛哭。（2011 年 12 月 11 日，武术知青 TZG 访谈记录）

在随后的农村生活中，“他们看到的是贫穷和落后，是繁重的劳动换来低廉的工分，是清汤寡水极易造成营养不良的伙食，是物质的极度匮乏，是重病以后遭受的折磨，是宣传中贫下中农身上值得学习的品质与现实中农民素质的巨大落差”[1]。

首先，物质生活的艰苦。对城镇生活的知青来讲，自然环境的恶劣成了他们上山下乡生活所面临的第一道难关[2]。因少有空房子给知青居住，很多知青上山下乡后被安排住进了非居住性用房里（如生产队队部、储藏室、仓库、工具房、已改作他用的祖庙、牛棚）[3]。

> 我们住在简陋的房子里，有的甚至住在牛棚或者仓库里，更有甚者竟是就地取材用树枝茅草打造简陋的住处，晚上没有电灯，每天还得到很远的地方去挑水……

---

❶叶辛. 论中国大地上的知识青年上山下乡运动［J］. 社会科学，2006（5）：5-17.

❷艾娟. 知青集体记忆研究［D］. 天津：南开大学，2010：32-33.

❸潘鸣啸. 失落的一代：中国的上山下乡运动：1968-1980［M］. 欧阳因，译. 北京：中国大百科全书出版社，2010：233-234.

他们根本不适应干体力活，但还得经常每天劳动 10 个小时以上，有的甚至是 16 个小时，从凌晨干到黑天。(2011 年 12 月 11 日，武术知青 TZG 访谈记录)

在向农民学习、锻炼自己而接受再教育的建设农村运动中，繁重的劳动是来自城市的知青上山下乡后所面临的第二道关，其深刻的再教育主要体现在开荒种地。对于劳动的苦和累，他们是深有体会，尤其是在相对恶劣自然环境中的劳作更是让他们记忆深刻[1]。

我们根本不适应干体力活，但还得经常每天劳动10个小时以上，从凌晨干到黑天。要是割麦子，准会累得直不起腰来，体质差的累得连床都爬不上去了，第二天还得接着干！手磨起泡，肩膀磨得红肿，是很正常的事。(2011 年 12 月 11 日，武术知青 TZG 访谈记录)

关键是自然环境的艰苦和日常生活的劳累还紧密相连、相互叠加、彼此强化，并成为知青上山下乡难以承受的生命之轻。“对于知青来讲，除了忍受自然环境的恶劣和劳动的苦累，还要接受日常生活上的贫苦。吃住的条件很落后，对于整日从事繁重体力劳动的知青来讲，这无疑是一种劳其筋骨、饿其体肤、空乏其身的生活大考验”[2]。

---

[1] 艾娟. 知青集体记忆研究［D］. 天津：南开大学，2010：33.

[2] 艾娟. 知青集体记忆研究［D］. 天津：南开大学，2010：33-34.

我在家里喜欢练武术，本来吃得多。到了那里更是吃不饱了，因为菜里根本没有肉，有点油水就不错了。平时就吃青菜、窝窝头，喝玉米稀饭就咸菜，很少吃馒头的，要是吃的话，我一顿能吃7个。整天就是觉得饿！（2012年10月9日，武术知青JYZ访谈记录）

其次，未来前途渺茫。来到农村后，日复一日的单调枯燥的农村生活不仅渐渐掩盖了他们原初对上山下乡的希望，而且滋生的懊恼心情越来越重，沮丧、失望、绝望成为笼罩在他们心头挥之不去的阴云❶。

到知青点之前，我们都是满怀希望，农村就是一片"希望的田野"，我们都希望大有作为。但是到了之后才感到，一切都跟我们想象的不是一回事。所以，我们在当时看不到希望，也没有前途，这种近乎绝望的感受是很可怕的。（2011年12月11日，武术知青TZG访谈记录）

那生活真的是很艰苦的。其实，对于我们读过一点书的人来说，这苦不在于劳动强度多么大，生活条件多么苦，而主要来自精神方面。（2011年12月11日，武术知青TZG访谈记录）

导致知青前途渺茫是"身苦"后的"心苦"，并以"心

❶王鸣剑．一场决定3000万中国人命运的运动之谜［M］．北京：光明日报出版社，1998：81.

苦”作为“最后一根稻草”压垮了知青的希望，将他们推至失望的深渊。“上山下乡‘苦’中，身体的苦还是能够忍受的，可以通过适应和习惯而缓解，但是，精神上的苦却是漫无边际，并不断扩散的，日复一日，最终成为一种‘煎熬度日’的绝望感”❶。

> 天天重复这样单调、乏味的生活，实在是让人难以忍受。想想自己要是真的在农村扎根一辈子的话，那是多么可怕呀！我们都还年轻，不能一辈子干这种又脏又累又苦的工作呀！可是又看不到希望，找不到出路在哪里！我们好像被抛弃了，没人管了。每当想到这些，我都心惊胆战，害怕得想哭！（2012年10月9日，武术知青JYZ访谈记录）

知青们的“心苦”是他们突然离开熟悉生活进入陌生环境短暂新鲜感之后的心境，更是他们对上山下乡生活遥遥无期的恐惧，对自身发展前途不知去往何处的茫然❷。这种对现实的恐惧、对未来的绝望也是全面的立体的，既有“现实和理想的巨大落差、身陷陌生而艰苦环境”，也有“缺乏亲人朋友近在身边的社会支持系统”，而处于“煎熬度日”的精神痛苦状态❸。一位进山的知青这样描述当时的心境：

---

❶艾娟．知青集体记忆研究［D］．天津：南开大学，2010：33-35.
❷艾娟．知青集体记忆研究［D］．天津：南开大学，2010：36.
❸艾娟．知青集体记忆研究［D］．天津：南开大学，2010：33-35.

“我常常感到山要倒下来，压下来，把我压得粉碎。……我感到一种从未有的恐慌，我能从这里走出去吗？”去云南的四川知青也提到刚到目的地时，觉得“一种对未来命运不可知的惶恐攫紧了大伙的心”。一位插队山西的北京知青这样说：“大家都觉得无中心、无目的、无领导，都不满足现状，可又不知道该怎么办。我们过去习惯了家长和学校为我们安排好一切，只要学习努力就行了。在此落户，3分钟的狂热一过，就苦闷、彷徨，怀念遥远的过去而不能正视眼前的一切。”❶

> 我感到很寂寞、空虚。有的时候莫名其妙的心跳加快，不知是为什么？也不是说想家，就是感到心慌，有的时候甚至想哭，挺奇怪的。（2011年12月11日，武术知青TZG访谈记录）

总之，“苦”成为上山下乡知青经历的主题，其“苦”经历不仅有“身苦”和“心苦”之分，也有“身苦”和“心苦”的彼此触发、互相叠加，以及“心苦”的“最后一根稻草”之效。因为，对知青而言，“苦”的身体性已经不重要，重要的是“苦”的心态❷。

---

❶吴艳红，J.David Knottnerus. 日常仪式化行为的形成：从雷锋日记到知青日记［J］. 社会，2007（1）：98-119.

❷刘亚秋. “青春无悔”：一个社会记忆的建构过程［J］. 社会学研究，2003（2）：65-74.

二、精神空虚的补给

一片迷茫不知所措的知青，无法抵制对原先城市生活的留恋，也自然地延续了学生时代的生活方式，以弥补精神空虚❶。

第一，以读书填补精神空虚。首先，知青们以他们学生时代所形成的熟悉的读书方式来缓解陌生环境的精神之苦，不仅一有时间就读书❷，而且也形成了暗流涌动的“读书热”，其延续学生生活方式的“读书”中既有他们以熟悉生活方式应对陌生环境的策略选择，也有他们对城市生活的向往、暗示、潜意识。在其读书“暗流”中，他们顶着“不务正业、不安心农村”“叛逆”行为的强大舆论压力❸，也千方百计地寻找一切可读之书，并彼此传阅千辛万苦所得之书。

读书那可是困难重重！我们知青经常是四处搜寻得到一本书，然后如饥似渴地传阅，当书传到最后已面目全非、残缺不全了，但是不管怎样大家还是照样看得如

❶杜鸿林．风潮荡落——中国知识青年上山下乡运动史［M］．深圳：海天出版社，1993：76.

❷王江．劫后辉煌［M］．北京：光明日报出版社，1995：203.

❸杜鸿林．风潮荡落——中国知识青年上山下乡运动史［M］．深圳：海天出版社，1993：148.

痴如醉。而这还要冒着被领导发现后作为“封、资、修”的“黄书”没收甚至勒令烧掉的风险。（2012 年 5 月 23 日，武术知青 LGX 访谈记录）

其次，他们读报关心时事，让家里寄报纸和杂志[1]。最后，一些知青做起了“学生梦”，渴望有朝一日重回课堂，坐在窗明几净的教室里学习[2]，而在读书热中捧起上山下乡时无意间带来的课本。甚至成立“政治、语文、数学、农业”学习小组、建立图书室[3]。

当时我下乡的时候就是带了课本下去的。我好像有预感，觉得在学校里学的东西将来肯定有用的。就是充分利用空闲时间复习嘛！平时干活休息的时候，我就回忆复习的内容，思考有疑惑的问题，只有等休工了才能看书。那个时候，看书是不能太张扬的，能瞒就瞒，能盖就盖。（2012 年 10 月 9 日，武术知青 JYZ 访谈记录）

第二，以体育缓解精神之苦。生存环境变得恶劣、生存目标变得模糊的知青，在延续中学生活方式捡起书本的同时

---

❶沈殿忠．思想沉浮录——一位知青尘封 30 年的日记［M］．沈阳：辽宁人民出版社，1998：37.

❷张曙．不对称的社会实验——论“文革”中的知青上山下乡运动［D］．北京：中共中央党校，2001：60.

❸沈殿忠．思想沉浮录——一位知青尘封 30 年的日记［M］．沈阳：辽宁人民出版社，1998：36.

也于上山下乡中恢复了作为学生生活组成部分的体育活动。吴艳红和 J. David Knottnerus（2005）认为，许多知识青年在上山下乡后，仍然保持对体育的兴趣爱好。虽然“农村的体育设施奇缺，但这挡不住知青们对‘踢球打弹’的热衷。体育锻炼也成为知青农村生活的‘调味品’，尽管一天农活干下来已累得够呛，下工后踢足球、打篮球、打乒乓球照样劲头十足。有的地方，不定期地召开知青体育运动会，成绩不会多好，水平不会多高，却能激发知青极大的体能和热情”[1]。

在知青以体育缓解精神之苦中，武术知青也恢复了武术锻炼。吴艳红和 J. David Knottnerus（2005）说，知青老鬼喜欢摔跤，下乡后摔跤成为其生活的重要部分。知青老鬼说，“一个人生活实在闷得慌，有时我就跟路过此地的蒙古老乡摔跤，乘机显示一下威慑力量”。后来在牢里，也与同时关押的知青练摔跤，打发时间[2]。带着武术器械下乡的知青，顺手地用自带的器械练起了武术。未带器械上山下乡的知青，则土法上马、因地取材地制作器械练起了武术。

当时的武术器械还不是金属的，一些武术器械都是竹子、桃木的啊什么的。在我下乡之前，我的武术老师

[1]吴艳红，J. David Knottnerus. 日常仪式化行为：以知青为例的研究［J］. 社会，2005（6）：167-185.

[2]吴艳红，J. David Knottnerus. 日常仪式化行为：以知青为例的研究［J］. 社会，2005（6）：167-185.

送给我很多器械，比如说有双钩啊、刀啊、剑啊什么的，全部都让我带下乡了。那时器械就像行李一样可以打在行李里面的啊，在乡下我就是利用这些器械练习武术的。（2012年5月23日，武术知青LGX访谈记录）

我在山里面啊，山里面一看，到处都是竹子。到处都是毛竹，到处都是树干……去了一个月没到，我一看这么好，我就去砍竹子去了。这么粗的竹子，砍下来以后，我拿竹子做成刀啊，剑啊，竹子很多，就自己做刀剑，用竹子啊。完了以后么，这树干很多很多，砍了颗树，砍下来，晾晾干，做那个棍、枪。我在那边平地上面，我有这一套东西。他们又不会，我一个人练武。过去练过的套路啊，基本功啊，我都记得，弹腿啊，连步拳啊，少林拳啊，刀枪剑棍。（2012年8月12日，武术知青WZQ访谈记录）

当然，体育（武术）锻炼也转移、稀释了知青对生活之苦的体验。因为，“过去是熟悉的，因而是可靠的，人们通过与过去的连接，建立对当前生活的稳定感，这在知青中表现得尤为显著”[1]。武术锻炼的“流畅感”以及学生时代熟

[1] 吴艳红，J. David Knottnerus. 日常仪式化行为：以知青为例的研究［J］. 社会，2005（6）：167-185.

悉生活方式的“亲切感”影响了知青的心理活动，不仅感受到精神的饱满感，而且也恢复了往日的自信。

> 因为以前就有天天练武的习惯，在那里，我也想办法比划几下，说来也怪，练完了之后，这种（寂寞、空虚）心慌的感觉没有了，自己感到很充实，好像一下子，怎么说呢，好像一下子强壮了，自信了。（2011年12月11日，武术知青TZG访谈记录）

由身体而精神的体育（武术）锻炼，不仅帮助知青树立了对美好未来的信念。例如，一名知青这样回忆道，“我做体操、听广播，在寒冷的冬天也坚持锻炼身体。我要以好的身体迎接光明的一天的到来”[1]；而且体育（武术）锻炼也唤醒他们的武术人身份——具有持之以恒的毅力，拥有吃苦耐劳的品质。

> 每天早上在人民广场练，不管夏天有多热，也不管冬天刮风下雨，反正天天都去。一般五六点钟开始练，要练到7点多钟才散。有时候确实累得不行了，思想上也动摇过，但是最终还是坚持下来了，也因此养成了干什么事都持之以恒的毅力，这对我以后的生活影响很大。（2012年8月12日，武术知青WZQ访谈记录）

[1] 刘中陆．中国妇女组织［J］．今日中国（中文版），1995（9）：10-14．

那个时候，我们每天凌晨三四点就练了，过去哪怕零下八度或者零下四度还在练，我们搞武术的都很讲信誉，说好了就肯定来。我是最勤奋的，他们练武术都是我叫起来的，都是连走带跑去外滩的，要花两个多小时。我们练的地方非常艰苦，都是水泥地。但是，再苦再累我们都能坚持，而且始终如一，从不中断，从不偷懒。（2012 年 7 月 4 日，武术知青 YDH 访谈记录）

在武术锻炼中唤醒的“坚强的意志品质”的武术人身份，又反过来强化武术知青克服困难的意识，形成苦中作乐的心态，而在一定程度上发挥了抚慰心灵的作用。

从小练武，我最大的收获就是练就了坚强的意志力，什么困难来了都不会吓到我，不会让我趴下。只因为有了练武的经历，所以当时在那种情况下就不怕，觉得无所谓。心想：当年那么多年的苦都受过了，这些算什么！觉得无所谓，一想到这些心态很平和了，我觉得任何困难自己都能克服的。（2011 年 12 月 11 日，武术知青 TZG 访谈记录）

不管是多么苦、多么累、多么的无奈，他们认为，既然来农村，就要俯下身子，脚踏实地，专心劳动，拿出当年练武术时的那股劲儿，苦中作乐！又红又专！争做先进，都可以看作是知青的光荣所在。用他们自己的话说：“我感觉做事情要脚踏实地，顺其自然，命运对脚踏实地的人还是开了一扇门的。”（2012 年 5 月 23 日，武术知青 LGX 访谈记录）

第二节　改善生活境遇的特长

很多知青来到农村以后，一直在想办法积极融入农村社会，试图尽他们所能去适应新的环境。他们决心要和群众相结合的同时，也主动利用自己的一技之长来“为人民服务”。在某些场合，体育特长可以派上用场，既向农民朋友传播了体育知识，又锻炼了身体，提高了自我形象，并和农民交上了朋友[1]。

一、社会名声的获得

武术锻炼，使武术知青的一技之长一下子传遍知青群体和当地村落。“赢得名声”的武术知青，一方面他们以“锻炼即表演”（以练代演）为单调的农村生活增添了色彩。另一方面，从70年代开始知青斗殴成风，其暴力冲突不仅出现在本地知青群体之间、知青与农民之间，而且也发生在本地知青与外地知青之间[2]。

利用业余的时间，由于是爱好，一个是表演给农民

---

[1] 潘鸣啸．失落的一代：中国的上山下乡运动：1968-1980［M］．欧阳因，译．北京：中国大百科全书出版社，2010：265．

[2] 张曙．不对称的社会实验——论“文革”中的知青上山下乡运动［D］．北京：中共中央党校，2001：119．

看，第二个是表演的心理，同时也是喜欢么，就在那里练练咯。慢慢的时间一长，一传十、十传百，就有很多农民知道你会功夫，有点小名气了。在他们看来练套路和会功夫是等同的，不像现在练套路和会功夫还是两回事。后来经常利用休息时间表演给农民看，农民也喜欢看，在他们心目中会练武术是比较崇拜的事，他们很羡慕会练武术的人，认为，会功夫的人就不敢有人欺负他们，还可以行侠仗义，保护弱者。从而，农民改变了对我的看法，变得很和气了，很愿意跟我交流。（2011年11月30日，武术知青LTW访谈记录）

那个地方的地很平坦，我和张欣毅都起得比别人早，我们练好了别人才刚起床，我的嘴巴始终能咬到脚尖的。因为我俩会拳，所以不光当地人不敢小看我们，别的知青也不敢欺负我们，经常跟我们一块干活生活的知青都听我们的，也许觉得有安全感吧！（2012年7月4日，武术知青YDH访谈记录）

这样，武术知青又以“武术即功夫”（此时知青的武术锻炼或表演就像军事演习与检阅一样）向人们传递某种安全感，而赢得知青的依赖、老乡的欢迎，也在一定程度上改善了他们的生活环境。

二、生活境遇的改善

成为公众人物的武术知青，其特长也自然率先得到了人们关注，他们不是进入半日劳动半日排练的宣传队就是逐渐走上管理岗位。

首先，因为“样板戏”以大量的亮相和造型来塑造人物，其表现革命者英勇无畏的“亮相”动作（左手掐在腰间，右掌呈45°角斜向上举，左脚前探与右脚成丁字状，目光灼灼正视前方），也是一个典型的武术定势动作。另外，《红色娘子军》中洪常青的大刀舞、赤卫队员的匕首舞、老四的鹰爪拳舞、众团丁的砍刀舞，都需要扎实的武术功底。这样，武术知青也就自然地成为宣传队的注意对象。

> 那个时候一个人，空下来的时候一个人慢慢练习。但是呢，这个坚持时间不长，我一练武术呢，别人就传出去了。他们就说：“里山生产队，有个上海的知识青年会练武术，练得蛮好。”这就传出去了。实际上我在这个农场只待了两个月，就被调到毛泽东思想宣传队里面去了。（当地宣传队）有个演戏的是专业剧团的导演，下放到农村去了。导演就帮公社组织了一个毛泽东思想宣传队。毛泽东思想宣传队，里面那点人都是来自全国各地的，有文艺细胞的知青。这样，我因为练武而出名后，他们就来找我了。找我一看，“哦，你会练武术，练上一段”。我就给他们练了，我那个空翻、小翻都会的。哎哟，他们唱戏的，唱戏的他们武功不行。我就被调到毛泽东思想宣传队里面了。这么有二十多个人呢是集中在一起的。一半的时间是排戏，一半的时间就是劳动。那个时候，我的任务是，我就自己练武功，演

> 武戏和教他们宣传队的人一些基本功。因为武术我的生活就发生变化了。（2012 年 8 月 12 日，武术知青 WZQ 访谈记录）

其次，武术知青因拥有广泛的社会知晓度，以及武术人特有的吃苦耐劳品质，使其常常成为先进分子的候选人，也得到更多的提高专业水平的机会。

> 因为练武术，赢得了人缘，所以，在下乡知识青年里面被评为先进代表。后来呢，先进代表才有机会到县城去参加先进代表的大会。在参加先进代表大会的时候，得知县里面有武术比赛，我就报了名，参加比赛。虽然没有得到好的名次，但是得到了大部分人的认同，得到了当时武术界的认同。后来传到公社里面了，公社里面也知道我会练武术了。（2011 年 11 月 30 日，武术知青 LTW 访谈记录）

甚至“很多社队为了组织和参加比赛，允许运动员脱产训练，选拔知青担任教练员工作，支持和鼓励有裁判特长的知青执法各种比赛的裁判工作”[1]。

最后，因其较高社会知名度，武术知青甚至成为群众推荐与领导选拔的对象。

[1] 傅砚农．“文革”中“知青”对农村体育的影响及其原因［J］．体育文化导刊，2003（10）：72-73.

> 因为我俩会拳……经常跟我们一块干活生活的知青都听我们的，也许觉得有安全感吧！后来没过多久我就当干部了，跟老乡的关系也很好。（2012 年 7 月 4 日，武术知青 YDH 访谈记录）

同样，有文艺或体育等特长的插队知识青年，往往会成为大队宣传队的骨干力量，或者被公社宣传队及县、地区的文艺、宣传部门选走，从而走上管理岗位[1]。

第三节　改变命运的“武器”

面对国家的招工、招生等政策，武术知青利用武术的一技之长和武术人特有的品质，最终改变了自己的命运。

一、工农兵学员

1968 年 7 月，毛泽东做出“大学还是要办的”指示。1970 年 6 月 7 日，中共中央批转《北京大学、清华大学关于招生（试点）的请示报告》，废除了统一考试、择优录取的招生办法，改用“群众推荐，领导批准和学校复审相结合

[1] 张曙. 不对称的社会实验——论“文革”中的知青上山下乡运动［D］. 北京：中共中央党校，2001：52.

的办法”，重燃知青求学深造的渴望[1]。工农兵学员的名额由各省教育局分配给县市，具体的操作程序是经过知青个人申请、单位群众推荐、从生产队到县的批准、档案审查等环节而确定人选。但是，庞大的申请数与有限的录取数之间存在着很大的差距[2]。

在工农兵学员推荐中，那些有武术特长的知青首先成为推荐名单中的一员，他们被推荐参加公社组织的集训与培训。

> （工农兵学员）是有名额的，但是我有特长，我去参加集训了。当时的人（功利）也没有那么的明显。我们是第一批，还是风气蛮正的。当时公社推荐就问知识青年里面有没有特长的，还有就是老三届，于是就推荐我了，我有体育特长。公社里面集训，文化课是在公社里面考的，体育加试是在县里面考的，县里面也是体院的老师来县里面考的，考完以后再有复试，到专区里面考的。（2012 年 5 月 23 日，武术知青 LGX 访谈记录）

其次，那些平时表现好、获得先进称号的武术知青最终成为推荐的人选。

---

[1] 史卫民，何岚. 知青备忘录：上山下乡运动中的生产建设兵团［M］. 北京：中国社会科学出版社，1996：392. 杜鸿林. 风潮荡落——中国知识青年上山下乡运动史［M］. 深圳：海天出版社，1993：240. 刘小萌. 中国知青史［M］. 北京：中国社会科学出版社，1998：1.

[2] 高广景. “文革”时期知识青年上山下乡运动研究［D］. 芜湖：安徽师范大学，2007：18.

> 我在下乡知识青年里面是先进代表，就是表现比较好的。后来呢，先进代表才有机会到县城去参加先进代表的大会。在参加先进代表大会的时候，得知县里面有武术比赛。参加大会的期间，看到县里面有宣传，是报名参加县里面的武术比赛，我也就去参加了。虽然没有得到好的名次，但是得到了大部分人的认同，得到了当时武术界的认同。后来在公社里面的人也知道我会练武术了。然后，第二年就有一个高考，就有工农兵上大学，中央制定这么一个政策，工农兵可以上大学。但是名额很少，一个公社只有一到两个名额。一个公社大概有五六百个知识青年，但是上大学的名额只有一到两个。（还包括当地毕业的）后来我去参加那个，体育有个加试，要凭自己的一技之长。公社呢就推荐我去，因为我是先进嘛！（2011 年 11 月 30 日，武术知青 LTW 访谈记录）

其“贫下中农的推荐”❶与“领导批准和学校复审相结合”的办法，选拔“政治思想好、身体健康、具有 3 年以上实践经验，年龄在 20 岁左右，有相当于初中以上文化程度的人”的标准❷，使那些因武术而有知名度、因吃苦耐劳而

❶刘小萌．中国知青史——大潮（1996—1980）［M］．北京：中国社会科学出版社，1998：400.

❷Oasisli．工农兵学员上大学［EB］．http：//edu.qq.com/a/20091115/000125.htm. 2009-11-15.

得好评的武术知青，常常成为这一政策的受益者，先后成为“工农兵学员”。

二、招工

20世纪70年代初，我国经济情况稍有好转，工农业生产逐步恢复。中央决定从上山下乡早、表现好的知青中，招一些人进工厂、学校、部队[1]。在1971年以后的招工中，既注重政治表现，又注重文体特长。因此，体育技能成了能否捷足先登返城车而离开农村的重要条件[2]。换言之，招工的对象是那些上山下乡锻炼两年以上并由贫下中农推荐的知青[3]。虽然，确定了对象范围，但因“僧多粥少”[4]，知青们知道，要想最终被推荐招工，“就必须要俯下身子，脚踏实地，专心劳动，积极表现……劳动比拼，苦中作乐，又红又专，争做先进”[5]。于是，知青以努力劳动“挣表现”[6]，强

❶高飞. 蹉跎与奋进——我的知青生活十五年（四）[J]. 江淮文史，2003（4）：36-41.

❷傅砚农. “文革”中“知青”对农村体育的影响及其原因 [J]. 体育文化导刊，2003（10）：72-73.

❸张曙. 不对称的社会实验——论“文革”中的知青上山下乡运动 [D]. 北京：中共中央党校，2001：54.

❹高飞. 蹉跎与奋进——我的知青生活十五年（四）[J]. 江淮文史，2003（4）：36-41.

❺艾娟. 知青集体记忆研究 [D]. 天津：南开大学，2010：41.

❻张曙. 不对称的社会实验——论“文革”中的知青上山下乡运动 [D]. 北京：中共中央党校，2001：60.

烈渴望被生产队、大队和公社推荐，在某一天获得招工的殊荣❶。

在知青“表现好”的努力中，武术知青再次以武术人诚实的本质和能吃苦的品质表现出他们特有的努力。

我知道，只要老老实实地干活，别有花花心眼儿，不偷懒，别人就会对你好，领导也会喜欢你，还可以被评为先进。所以，让干啥就干啥，一心就想着奉献了，一到了地里就是一身的干劲儿，满腔的热情，我身体好，所以比别人干得都多，很多重活我都抢着干。(2011年12月11日，武术知青TZG访谈记录)

武术知青也以社会知名度和良好的人缘，获得先进称号，最终成为一名工人，而实现了人生的转折。

除了我会武术、力量大，又能打仗之外，还有很多人跟我学习武术，这样身边就有一群人……在广大知青中，我确实是循规蹈矩，处处为集体着想的……自己有能力，在群众中又有威信，所以领导很器重，什么事都要跟我商量的。评选先进的时候，我都是排在第一位，别人从来没有意见。后来也是因为被评为先进，我被推荐到济南的工厂里当工人。(2011年12月11日，武术知青TZG访谈记录)

---

❶吴艳红，J.David Knottnerus. 日常仪式化行为：以知青为例的研究［J］. 社会，2005（6）：167-185.

当然，进入工厂的“武术知青”，仍以武术人的特质迅速适应新生活、很快成为佼佼者而赢得人生的新发展。

工厂里的生活还是比较有规律的，每天下班之后空闲时间多多了，所以，我还是练武术，身边有朋友跟我学，我会练武术的事慢慢地全厂都知道了。也许是因为这个原因，所以，我不久就被调到保卫科去了。（2011年12月11日，武术知青TZG访谈记录）

三、恢复高考

1970年工农兵学员的招生体制，因主要针对老三届，采用推荐的形式，而使大部分知青未得到推荐的机会[1]。1977年大学恢复高考，广大知青马上意识到这次难得的改变命运的机会。

在农村劳动了这么长时间之后，我们都已意识到，如果不去奋争，将来就永远是个简单劳动力，而且跟地道农民相比，我们还不算是合格的劳动力，不管是工资还是什么待遇都要比当地农民低。所以，要求重新选择生活道路的欲望越来越强烈。就在这个时候，国家恢复高考了，我们那个兴奋呀！都跃跃欲试，想借此改变自己的命运。（2012年10月9日，武术知青

[1] 李明华. 文革背景下的知青语言研究［D］. 长春：吉林大学，2008：34.

JYZ 访谈记录）

为了备战高考，他们不仅利用政治学习时复习，在《毛泽东选集》的封皮内夹着数学书、口中诵念毛主席语录心底暗背数学公式[1]，就是以"逍遥浪荡"或以泡病号等办法逃避农业生产专心复习功课[2]。

听说恢复高考了，就学得更带劲了。我做梦都想上大学呀！当时很多人都不敢报名，只有我们几个提前准备过的，有远大志向的报名了。1977 年之前，很多人没有资格被推荐，现在总算有机会，当时我想"机不可失时不再来"，我一定要抓住这个机会，实现自我的价值。我开始按照考试的内容利用工作之余进行系统的复习，语文、政治、数学，好像还有化学，文化课什么都得考呀，复习资料看懂看不懂都要看。吃饭的时间也要充分利用上，一手端着饭，一手拿着书，嘴里吃着干粮，脑袋记着公式。晚上别人都睡了，我怕影响他们就买了一个手电筒，钻在被窝里学。最要命的是体育测试，不光考武术（一套拳术、一套器械），还考 100米、推铅球、弹跳摸高等身体素质。平时工作本来就很累了，还得抽出时间来练素质，那时真是累得"寸步难

---

[1] 杜鸿林. 风潮荡落——中国知识青年上山下乡运动史［M］. 深圳：海天出版社，1993：148.

[2] 张曙. 不对称的社会实验——论"文革"中的知青上山下乡运动［D］. 北京：中共中央党校，2001：60.

行”！浑身上下没有一处不酸痛，晚上睡觉有时都疼醒了。有时实在太累就装病请病假，比如头疼、扭腰了、闹肚子等，其实请病假的真正目的是为了有更多的时间复习文化课。那种情况下，领导也心中有数，睁一只眼闭一只眼就过去了。功夫不负有心人呀，最终经过自己的拼搏和努力，终于考上了山东师范大学体育系武术专业。因为武术练得不错，所以其他身体素质也不差，在班里每次评优都有我！毕业之后，我就分配到这里，那时候还叫烟台师范学院。我从小学就开始练武术，中学也练，做知青时也没丢掉，上大学后更是得到了专业的训练，长期练武的过程使我养成的不怕吃苦、脚踏实地、持之以恒的精神。正是这种精神使我从知青成为一名大学生，又在工作岗位上不断的上进，从助教到讲师、副教授，再到教授、领导，都是一步一个脚印干出来的。（2012 年 10 月 9 日，武术知青 JYZ 访谈记录）

疯狂备考的知青，也成为当年录取的大学生的重要群体。有资料表明，1977 年参加高考 570 万人，在录取的 27.3 万新生中知青占半数左右；1978 年有 610 万人参加高考，在录取的 40.2 万新生中有 27.1 万名知青[1]。事实证明，许多在参加高考前默默无闻的人通过高考这一选拔机制脱颖

[1] 张曙. 不对称的社会实验——论“文革”中的知青上山下乡运动［D］. 北京：中共中央党校，2001：61. 王晓丹. 1977 年恢复高考政策的影响［D］. 北京：中国政法大学，2010：17.

而出，他们进入大学后如饥如渴地学习科学文化知识，毕业后大都成为所在领域的骨干力量，他们中的许多人早就已经成为社会和国家的栋梁之材[1]。高飞回忆说，1965年和我们同时到祁门插队落户的还有屯溪中学的28位同学，其中大多当年高考成绩优秀却因“家庭出身不好”落选。恢复高考后，汪明霓以优异成绩考入哈工大，曾到美国做访问学者，现为浙江大学教授[2]。

第四节　小结

在响应国家号召从城市来到农村后，知青起初的激情、兴奋与理想被眼前的贫穷、落后与艰辛所掩盖，对前途的忧虑也使他们笼罩在失落和绝望的阴云之中。为了消解上山下乡的心苦，他们尝试恢复了学生时代生活方式。当知青沿用学生时代的读书等生活方式应对农村生活陌生的环境时，武术知青恢复了练拳，武术锻炼不仅缓解了他们的精神痛苦，强化了武术人意志顽强的自我暗示，在一定程度促进了他们对农村生活的适应，而且“武术即功夫”的社会认知也使武术知青赢得了更多社会关注，使其更易被人们所认识，以

[1] 严考亮．邓小平作出恢复高考决策的历史意义［J］．重庆工学院学报（社会科学版），2007（10）：80-83.

[2] 高飞．蹉跎与奋进——我的知青生活十五年（四）．江淮文史［J］．2003（4）：36-41.

“进宣传队、代表乡镇参加武术比赛、成为队长”等改变了农村的生活境遇。最后，武术人的身份认同，还使武术知青以吃苦耐劳的品质赢得好评，在推荐上大学中成为工农兵学员，在推荐招工中成为工人，在恢复高考后成为大学生，最终改变了自己的命运。

从人类学视角看，武术知青上山下乡的人生奋斗史就像一个“过渡仪式”，不仅是武术知青离开父母从城市到农村后立足眼前以读书、武术锻炼应对“心苦”而成熟的过渡仪式，而且也是武术知青面向未来梦想从农村再到城市而实现人生发展的过渡仪式。在其“城市—农村—城市”的否定之否定式人生轨迹中，“城市—农村”阶段让他们体验到独立面对生活的苦，并促成了他们的成熟；而“农村—城市”的篇章让他们感受到生活的希望，实现了他们的梦想，完成了他们的成人仪式。

第三章　育才师生的教改记忆

武术作为学校教育的教学内容，源于西周时期的“六艺教育”[1]。民国时期，“教育部明令”各学校应添授中国旧有武技[2]。新中国成立后，作为优秀民族文化遗产受到重视，并在不断加强和完善中取得了可喜的成果[3]。但是，面对当前武术教育研究思路多是不满现状的调查研究，本研究选择成功武术教育案例总结新中国武术教育历史的经验作为出发点，在寻找武术教育成功案例中我们将目光聚焦到上海育才中学“男拳女舞”[4]教学改革。育才中学“男拳女舞”的教改实践不仅由《人民日报》《文汇报》《光明日报》等报纸报道了该校的教改经验，而且也吸引许多美、日、德、瑞等国外教育团体前来考察[5]，如德国教育考察团认为，育才中

❶李世宏. 论先秦“六艺”教育中的体育活动［J］. 南京体育学院学报，2010（2）：107-109.

❷卢玉. 建国以来中小学体育课武术教学内容的研究［D］. 芜湖：安徽师范大学，2006：8.

❸国家体委武术研究院. 中国武术史［M］. 北京：人民体育出版社，1997：395.

❹“男拳女舞”是上海市育才中学校长段力佩提出的体育课改内容：男生学习武术，女生练习舞蹈.

❺丛书总编纂委员会编. 上海教育年鉴 1949—1984［M］. 上海：上海人民出版社，1998：304-308.

学的体育课程、课时、教材、考试方法、体育卫生等配套改革，使得学生身心得到健康发展，学习成绩显著提高。日本代表团叹服："倘若中国都这样办学的话，中国教育必定会很快超过日本。"国际教科文组织也派员到育才"视察"，多国驻沪领事的夫人纷纷带着孩子学习育才学生的锻炼方法[1]，考察团团长激动地说："我们一直想把体育课中的体育与音乐、舞蹈、美育结合在一起，但走遍了世界上的体育强国都没有找到，想不到在你们这里看到了我们理想中的体育课。"[2]因此，本研究通过17名1980—1992年间在上海育才中学工作学习师生的口述历史[3]，力图复原上海育才中学当年武术教育改革的历史风云。

第一节　每天一节体育课

被誉为"教改先锋"的育才中学校长段力佩[4]，在上世

---

❶纪亚华. 这是一片神奇的土地［J］. 当代体育，1986（6）：32-33.王志明.坚持教育改革，培育四有人才-育才中学教改纪实［G］. 上海改革开放二十年（静安卷）［Z］. 静安年鉴，1999：304-308.

❷王志明. 坚持教育改革，培育四有人才——育才中学教改纪实［G］. 上海改革开放二十年（静安卷）［Z］. 静安年鉴，1999：304-308.

❸陈梅宝. 上海育才中学武术教育改革的研究：以口述历史为方法［D］. 上海：上海体育学院，2011.

❹段力佩. 教海沉浮话甘苦［J］. 上海教育，1989（4）：21. 常少扬."育才"老人话教改——访上海育才中学校长段力佩［N］. 人民日报，1983-12-29（5）.

纪50年代上海育才中学“排球热”之后，于1980年9月，又立足学生的终身学习和终身发展，实施“每天一节体育课”的体育教育改革。

一、大小课

在采访中，不论是老师还是学生，讲述最多的是段力佩老校长倡导的“读读、议议、讲讲、练练”八字教学模式[1]。为了贯彻“八字”教学模式，从1980年起，育才中学将课程表分为三段，每段分为两节课，每段一节大课（55分钟）、一节小课（30分钟）。其中，大课主要安排逻辑性强、容量大、有一定难度的课程，小课安排形象思维强、容量小、难度相对低的课程。大小课之间5分钟的小休息，用于换课；两节课后是大休息，期间学生可以进行篮球、排球、乒乓球等活动。下午第二节课后是课外活动，全校有二十多个课外活动小组[2]。

---

[1] 读读是基础，是教师阐明教学目标、任务，引起学生兴趣和动机，通过自己阅读、理解和思考，产生问题；议议是关键，一般前后左右的4个座位学生围绕教材进行讨论；练练是应用，学生在读、议中初步领会和理解教材，消化教材；讲讲贯彻始终，教师针对学生的问题，给予点拨、解惑、总结。参见中国民主促进会中央委员会.上海育才中学教育改革经验选编1983［M］.上海：上海出版社，1983：11. 叶澜. 新编教育学教程［M］. 上海：华东师范大学出版社，1991：336.

[2] 叶澜.新编教育学教程［M］. 上海：华东师范大学出版社，1991：338.

二、男拳女舞

育才中学的体育课，也出现“每天一节体育课”的两大四小课程安排。当时的体育教研组认为，“（为了）贯彻全国学校体育卫生工作经验交流会和教育部座谈会精神，认真落实《中小学体育工作暂行规定》，努力进行教学改革……每周两节大课（60分钟）❶，以基础知识、基本技能、基本技术的教学为主；每周四节小课（30分钟），根据增强学生体质，发展个体素质的原则和学校教改精神❷，以学生的锻炼、‘学’为主，结合本校的实际基础和青少年生理特点进行实践探索，让学生在小课中发挥小干部的作用，做体育的终身受益者”❸。并因“拳术具有强身健筋的实效，能培养勇猛英武的精神气质。一个人如能学会一两套拳术，终身锻炼，定能得益匪浅。至于女学生……艺术体操和富有民族特色舞蹈动作则更为适宜……有利于发展女生体形美和培养优美的情操。集体练拳、集体舞蹈，要求动作一致，也是一种很好的集体主义教育”❹，而将四节小课聚焦为男生武术、女生舞蹈的学练之上，并简称为“男拳女舞”体育教改。

---

❶关于时间的界定有“学者的60分钟、育才材料的55分钟”两种说法，在引用时尊重资料和口述者的说法。

❷段力佩. 对学校体育的看法和做法［J］. 新体育，1966（2）：25.

❸育才中学1980学年度各教研组工作计划及工作总结。

❹段力佩. 育才中学体育活动充满青春活力［N］. 文汇报，1981-07-05（2）.

我想“男拳女舞”吧，就是这个拳真的学好了！就要运用于日常的生活中，比如在跑步时候忽然出现一个紧急情况，你摔倒了，就要用一个前手翻来保护自己！这样就不会受伤害，自我保护。还有一个就是心理教育，就是团队合作精神，奉献精神了。（2010 年 10 月 20 日，中学师生 JXY-4 访谈记录）

育才中学“每天一节体育课”的具体安排为，“两节大课内容以田径、体操、球类为主，四节小课教授‘男拳女舞’”❶，如表 2 所示。

表 2　育才中学 1983 年度第二学期作息时间表

上午		下午	
7:40	早操	1:30-2:00	第五节课
8:00-8:55	第一节课	2:10-3:15	第六节眼保健操后上课
9:05-9:35	第二节课	3:30-4:00	活动课(科技活动、讲座等)
9:35-10:05	休息(饮食、文体等)	4:50	学生离校
10:05-11:00	第三节课		
11:10-11:45	第四节眼保健操后上课		

❶杨鑫基. 寻找通向未来的路——段力佩和他的事业［J］. 当代杂志，1985（2）：92.

以高一（1、2）班为例，体育课每周两节大课（上田径、体操、篮球、排球等，两节课共计110分钟），四节小课“男拳女舞”课（时间为120分钟），如表3所示。

表3 育才中学1984（高一）一、二班课表

	周一	周二	周三	周四	周五	周六
性质	小课	大课	小课	小课	大课	小课
时间	30min	55min	30min	30min	55min	30min
高一1	第4节	第6节	第4节	第2节	第3节	第2节
高一2	第4节	第6节	第4节	第2节	第3节	第2节

育才中学“每天一节体育课”的教改实践，以促进学生全面发展作为指导思想，以体育大课“田径、体操、篮球、排球”与体育小课“武术（男生）、艺术体操（女生）”的内容组合作为制度设计而体现其“八字”教学模式，还以体育课和文化课“一张一弛”的交替促进身心和谐健康发展[1]。

从当时这个观念，交谊舞不能推广，（我们就对女生）采用类似集体舞蹈的（方式）……是集体的，然后是交叉的……还搞一些班级的比赛……男同学呢就少林拳、长拳为主，到了1983年以后，好多同学到了外面去学等等的……我当时教武术，就是把同学学的东西推

[1] 段力佩．从小抓好体育，促进全面发展［M］．上海：上海教育出版社，1984（8）：8-9．

广在班级里……后来我当教研组长两年中，“男拳女舞”已经普遍推广，女舞还被要求在外面表演，那个大世界还请我们表演了！还有就是木兰扇还有一套，还请了一个老师教木兰拳木兰扇，还请了一个老先生教剑。后来我们学校就逐渐正规了，到最终女舞比较成功，男拳相对枯燥点，有的班级兴趣比较高，有的班级相对比较低，没办法，从马步等等开始，这就跟教师有关。但总体来说，段老师在学校中间，我们课程改革还是不错的。（2010 年 10 月 18 日，中学师生 YTF 访谈记录）

一下课有十分钟时间她们自己就到操场上去跳舞……课下我还见一两个同学比划什么八卦啊、八极啊！他们还找了一两个同学一起讨论这个动作怎么架，那个动作不准超过脚尖什么的。（2010 年 10 月 18 日，中学师生 YTF 访谈记录）

育才中学学生对当年“男拳”教改的回忆是，“记得初中时，长跑成绩几乎全部红灯，我就不喜欢长跑，但在练了两学期武术之后，我感觉我协调性比以前好多了，我的耐力也比以前好了，我们上了耐力练习，还上了力量练习。慢慢的，我长跑不是那么累了，后来测试竟然及格了。我根本没有感觉会有这么大变化，一上武术课，我还跑得快了。以后我就喜欢上（武术）这个课了”[1]。当年就读育才中学的 XJ

[1] 蒋兴谊．育才中学高中年级开设武术课的尝试［J］．上海武术，1998（1）：23．

同学说：

“从我们女生来说，当初体育不是跳就是跑，没意思了，真的！像我这样体育一点基础都没有，我就头疼！我就是想，体育应该很轻松的，但是想到要跑啊、跳啊，我就头特别的疼。但是自从有了艺术体操我就开心了，女孩子吗，我就比较喜欢舞蹈了，毕竟当时在那个时候还是比较少的，像开展这样的活动不是很多，可以说是第一个。”（2010年10月29日，中学师生访谈记录）

80届学生沈若玮深有感触地回忆当年育才中学教改给她人生发展的作用，将她引入武术之门是她就读的中学，是校长段力佩主张的“男拳”武术教改。其中学武术经历，使她1982年考入中国人民大学进入校武术队继续学习武术，后来师从太极拳名家李德印老师，参加北京市高校武术比赛获太极拳冠军，毕业后进入《中华武术》杂志编辑部工作❶。当年报刊对育才中学“男拳女舞”教改的报道是，“操场上，男同学练健身拳，刚健如猛虎下山，敏捷如蛟龙出洞；女同学们身穿艳丽的体操服，踏着欢畅的乐曲，翩翩起舞，充满奔放的青春气息”❷。

❶富成兰. 女记者的心声：50名女记者工作生活自述［M］. 北京：中国工人出版社，1996：122.

❷杨鑫基. 寻找通向未来的路——段力佩和他的事业［J］. 当代杂志，1985（2）：92.

总之，育才中学立足于学生的终身发展，实施“每天一节体育课”；因与其他体育活动相比，武术是学生可以终身锻炼的项目，而以4节小课将“男拳”教改作为“每天一节体育课”的组成部分。但在1994年育才中学体育课变成两周两节课、每节课45分钟之后，武术成为体育教学的一部分。

我过去的时候每个星期两节课，体育课一般是20周，就是40节课。我们武术大约占到8节课的比例，当时就是一节课两个教材，没有单纯地列出来武术、舞蹈。不是单独的，整个一堂的武术课是不可以的。我们还要参加区里的统一达标，所以还有别的内容了。(2010年4月24日，中学师生YM-1访谈记录)

第二节 “男拳”课改实践

在“男拳”教改中，育才中学克服困难通过五种渠道解决“谁来教”问题，从三方面创造性地解决了“如何教”问题，为当今武术教育探索了可供借鉴的宝贵的历史经验。

一、“谁来教”

第一，育才中学利用社会资源和高校武术师资，加强体育教师的武术培训。

当时我们育才就请外面的老师，他叫胡洪，这位老先生是打拳的世家！他教我们十路弹踢、青龙剑、青龙拳，他是我从外面请过来的，之前也有李观云老师也请了个老师，他们都是武术打得好的！要不是段校长让开（武术），我估计也不会请外面的人来。我也学了新的东西，刚开始跟他学的时候，是我们一起学的，然后我看不行，东西学不会，我就单独自己把他留下来，给我说这个动作怎么做。我平时喜欢摸索，喜欢的东西我就自己摸索，你说这个青龙拳怎么打的有力啊，有问题是要问的，然后拳师也就给我指哪点不对，这个手架到这，身子是直的什么的，慢慢的我自己搞。（2010 年 7 月 11 日，中学师生 ZZK-1 访谈记录）

我当时需要，我自己在下面学习，还请了外面的体工队的队员。当时我就跟着他学习八极拳，就是在操场上他打一个动作，我就跟着打一个动作，什么怎么走啊，顶肘啊，手法怎么弄啊，当时记得很清楚，现在都淡忘了。当时就是我现学现卖，我然后打了（一遍），让他在旁边看看，到底哪个动作不对，然后（再打一遍）给我看看。我本身就是体育（专业）的，我就希望充实自己，使自己不会的东西学会，原先做得不好的做得好，把业务水平提高……我平时没事的时候也在家里，老伴忙着收拾东西，我就到阳台或者空当地方，看看外面风景，自己随手就比划太极拳动作，有时候想不起来下节课教什么，我就看看书，或者想想以前的队员教给我的（动作），（我）还是喜欢这个的，所以我就钻研得多一点

了！（2011年1月11日，中学师生ZZK-2访谈记录）

育才中学在1982—1988年聘请了五名武术拳师来校辅导（见表4），不仅使体育教师学会新的武术套路，提高武术素养（动作规范性）、深化武术理解，而且也为实施“男拳”教改奠定了基础。

表4 1982—1988年育才中学外聘的武术专家一览表

外聘专家	性别	专家类别	培训内容	指导时间	培训时间
胡 洪	男	拳师	青龙剑、青龙拳、太极拳	1982—1983年	6个月
蔡龙云	男	高校武术教师	初级拳	1984年	15天
张风云	男	拳师	初级拳	1985年	7天
曹伟民	男	体工队教练	南拳、初级拳、太极拳	1987年	1个月
刘同为	男	高校武术教师	初级拳	1988年	3天

第二，从外校抽调武术专业的体育教师。“我们刚开始没有专业的武术老师，段老看到我们开展得‘男拳女舞’不行，1985年的时候（就将）蒋兴谊老师（调）过来了，就是从向兴中学过来的，当时……一个区里的可以调动的”（2010年10月18日，武术教育口述对象YTF访谈记录）从向兴中学调来的蒋兴谊老师，也因其武术专业出身，肩负起育才中学“男拳”教改的领导者职责。一位老师口述，“蒋老师是育才中学武术的领导者，主要指导、教学领域中感兴趣的教师，并充当领导角色”。（2011年1月11日，中学师生ZZK-2访谈记录）

那个时候体院分配工作，分我到外地去，我就找了一个学校代课（两年多）。后来听人家介绍说，育才那边要招武术方面的老师过去，那么我就带了半年体育课……1985年1月份去了，然后到7月份就结束了。当时我主要教男拳，女舞也教……我现在上海商业会计学校了。（2010年9月24日，中学师生CWJ访谈记录）

第三，利用代课教师、实习教师充实武术师资力量。1983年1月，育才中学不仅录用上海体育学院武术专业毕业生CWJ代课，而且还利用实习单位，接收武术专业实习生，充实武术教改的师资队伍。负责当年“男拳”教改的JXY老师口述道：“我们从1977年开始，到80年代初，一直都是上海体院武术系的教学试验点，当时胡莺啊、潘杰良啊，都在我们这里实习过的！……我们学校就有了这些武术老师，我们就可以开展武术了！”（2010年10月20日，中学师生JXY-4访谈）现就职上海中医药大学的HY老师，于1982年进入育才中学实习，同去实习的四人中两人教武术、两人教艺术体操。

我们（那届去育才中学实习的）一共去了两个武术（老师），两个艺术体操（老师）。……我们上海体院的当时连着两三年都到育才那边实习的，好像是学校安排的，应该是育才学校需要武术老师，不然不会年年都要武术老师过去。（2011年11月22日，中学师生HY访谈记录）

第四，以教研活动为阵地，推进其他专业体育教师的武术“业务进修”。1987 年、1994 年，大同中学和七一中学先后并入育才中学，为了推进其他专业出身体育教师的转型发展，完成兼教武术的任务（见表 5，根据访谈情况绘制的育才中学体育老师兼教武术情况表），育才中学强化了武术“业务进修”的教研活动。他们不仅将体育教师的武术业务进修制度化为教研活动的组成部分，而且利用集体备课，确保武术教改的教学水平。当年负责“男拳”教改的 JXY 说：“我们学校有两个星期一次的教研活动！还有呢，就是一个星期一次的备课组。……男拳老师、女舞老师在一起商量一下上课的东西，进度什么的。”（2010 年 10 月 20 日，中学师生 TDJXY-4 访谈记录）据田径专业 YTF 老师说：“当时

表 5　1973—1999 年育才中学体育教师武术教学情况表

教师	年龄	性别	专业	入校时间	职务	武术教学
朱之康	63	男	排球	1973	教师	专家培训、自学拳术
姚庭枫	61	男	田径	1979	教师	专家培训、钻研挂图、自学拳术
蔡伟民	52	男	排球	1983	教师	专家培训后上男拳课
蒋兴谊	57	男	武术	1985	教师	80 年代男拳主要老师，原向兴中学
陈君毅	72	男	田径	1986	教师	专家培训后上男拳、女舞课
郁　名	52	男	田径	1994	教师	原七一中学，上男拳
李慧珍	35	女	武术	1997	教师	育才高级中学男拳老师
胡　莺	61	女	武术	1982	实习	实习三个月，教男拳
曹伟静	42	女	武术	1984	代课	代课六个月，教男拳、女舞
叶传林	55	男	田径	1999	教师	育才初级中学教师

每个教师（每周）12节课，每天两节课。我办公室当时有十二个老师，两个人一个年级，两个人一个备课（小组），就是五六个备课小组……就是高、初中分两个备课大组。我们一般在周三，探讨教材教法、交流听课心得的，是这样的。”（2010年10月18日，中学师生YTF访谈记录）

> 大部分时间就先开会，我们还有别的东西，不可能每次都教拳，还有别的内容，出操情况啊！需要传达的学校内容、思想了。武术每次都要讲，前面的内容安排好之后，然后就是后面的时间我们就跟着练习，一般吧！当时就是蒋老师在前面，他做一个动作我们就在后面跟他学……他把名字（太极拳动作名称）报出来，我们就记得名字了，动作比划着就可以了。……我也看过别的老师上课，蒋老师上课我印象最深的就是，他喊口令时，都是把动作名称喊出来，然后就1什么意思，就是比如野马分鬃1，下一个2。（2011年1月11日，中学师生CWM-2访谈记录）

第五，发挥小干部的助手作用，辅助教师的武术教学。在每班中选拔若干男、女小干部，分别参加“武术协会”和“舞蹈体操协会”，使小干部掌握动作方法和要领，懂得教学方法，在小课教学中成为教师的助手[1]。小干部的培训有两

---

[1] 上海育才中学. 怎么开展学校体育工作［M］. 上海：上海教育出版社，1984：59-60.

类：一类是提前学，另一类拓展性学习。

两次培训还不一样的！一次，具体说为学校的教材内容而培训的，就是我们上课的内容培训的。还有一次就是兴趣，就是学生“吃不饱”的情况下，专门组织的培训，包括刀、枪、剑、棍啊什么的，什么都有的。但是这个跟专业队的差远了，一般性说，开始体现吧，就是有老师引领下开始练习，过了一段时间，老师感觉有几个苗子的话，然后我们分成几个小组，有几个学生的小干部在老师的安排下开始培训，当时是初中到高中，初一初二初三，高一高二高三，没有预备班的，一开始大家跟着老师练习，后来练练吧就自己练习了，当时老师吧，对他们多关心一点，对他们在技术上加以辅导。(2010 年 5 月 20 日，中学师生访谈记录)

特招生如何当作老师的小干部的？我们就是开学初，各个任课老师将本学期的课程内容告诉小干部，使他们在技术、技能上熟知我们这学期要上什么内容，掌握的情况下，提高他们的演练水平。在教学中起到的作用就是，一领做和示范，二就是分组的负责人，武术的东西有肢体语言的，要分成小组，就是小组带头人，那么就是说带着学生练，三就是说在他们学生当中，互帮互助，相互学习的作用。主要起这个作用！(2010 年 10 月 20 日，中学师生 JXY-4 访谈记录)

这些小干部为了更好协助教师的武术教学，也自觉地将武术锻炼延伸到课后。据当年就读育才中学的 XJ 同学口述：

“我每次都是晚上九点半下晚自习，然后因为看书头疼，不能马上睡觉，就想到操场上晃晃，我们约了班级一两个人去，走到操场国旗台地方，我记得当时看到两三个同学，他们平时都是武术小干部的，在旗台旁边，扶着台子，一个在比划动作，一个在练习转手臂，后来才知道是武术动作。感觉他们两个人精神真好，晚上看完书了还那么刻苦，我们那一年他们的学习成绩都很好。”（2010年10月30日，中学师生XJ访谈记录）

总之，育才中学运用外聘专家、从外校抽调专业教师担任领导者、倡导体育教师兼教武术、强化武术教研活动和集体备课、利用武术专业毕业生的代课和本科生实习、运用具有武术功底的学生作为小助手等途径，全面整合了校内外、师与生的武术教学资源，解决了武术教学的师资问题，满足了其“男拳”教改的需要。

二、“教什么”与“如何教”

第一，育才中学形成了“男拳”教改的校本课程。他们在大纲之外将“初级长拳、初级刀术、功力拳、规定华拳、简化太极拳或者初级剑术”作为武术教学内容，其学年教学计划的安排是：初一以基本功为主，初二以长拳为主，初三以短器械刀为主。高中一年级也是以初级长拳为主，高二以青年长拳为主，高三时候学太极。

我们当时是六个年级，初一就是基本功、组合动作；初二是初级长拳自编的，一共24个动作；初三初级刀术，24个动作。高中高一呢，是功力拳，也是24个动作，因为高一进来以后，比较容易的发力的动作；高二以蔡老师教我们的规定的套路，就是我在学校里跟蔡老师学的那个，几个就是青年长拳规定动作；高三是简化太极拳，还有初级剑术。就是说我们呢！可以第一学期学太极拳，第二学期学初级剑术，我们就是这样安排这个内容！我是在高中年级，我们是小循环，就是从初一教到初三，高一教到高三，我们就是每个年级三个老师。所以说，我是1985年到了以后，反正基本上每个老师都要学习，你要是教初二吧，就是初级长拳了，你就要着重学习这个了，但是别的也要学习，所以是都要学了！不是“摆摊子”。（2010年10月20日，中学师生JXY-4访谈记录）

第二，按照育才中学“八字”教学模式，将武术教学模式提炼为“范、明、严、复、美”五字诀。“范”，教师以正确的示范给学生良好的直观教育，吸引学生的注意力；“明”，把每个动作的重点、难点、作用和动作间的转换讲得清楚、明了；“严”，在教学中对每一个动作都严格要求而不含糊；“复”，根据动作的形成规律反复练习，并在反复练习中提高动作质量；“美”，充分发挥小干部的作用，提高学生积极性，向学生进行美的教育和培养学生的审美能力，让课程在美的教育中深化。（《育才中学1992年体育工作小结》）

总之，育才中学不仅在大纲之外将“初级长拳、初级刀术、功力拳、规定华拳、简化太极拳或者初级剑术”作为武术教学内容，形成了育才中学武术教育的校本课程，解决了“教什么”的问题，而且据育才中学“八字”教学模式，将武术教学模式提炼为“范、明、严、复、美”五字诀，而解决了“如何教”问题。

三、课外活动新系统

第一，施行武术操。据当年负责“男拳”教改的JXY老师回忆，育才中学于1986—1989年间施行武术操。

> 从1986年到1989年每天中午，大课间第二节课以后，在1987—1988年整整上了四个学期的（武术）课间操，早操不做的。我编了一套武术操，就是像广播操一样了，一节一节的，把武术的动作柔和起来，有手臂动作、跳跃动作，一共八节。就是全校做了两年，当时就是八运会了，精武1997年接受了市政府下达的任务，组织了600名小学生在八运会开幕式上表演《精武少年》的大型武术操[1]。后来慢慢地学校恢复了广播体操。（2010年5月20日，中学师生JXY-3访谈记录）

[1] 周根发. 精武体育作为非物质文化遗产的开发与保护［EB/OL］. http：//blog.eastday.com/zhougenfa/ art/1206817.html.2010-12-07.

1999 年搬迁到嘉定区马陆镇的育才高级中学体育教师李卫平老师回忆道，“学校（育才高级中学）开设了自编操比赛，由学生会体育部具体负责。同学们可以自己来编动作，组织排练，选择曲子。同学们都说：‘以前都是你要我做’，现在变成‘我要做、我来做’了，顿时来了兴趣。有的同学认识到，用于日常体育锻炼的韵律操和舞台上学生表演的韵律操，前者侧重于锻炼，后者侧重于台上表演，观赏性强，不好开展。就从头部、颈部、上肢、下肢、躯干到全身，各班同学开始自己利用课余时间，寻找场地进行排练”❶。

第二，成立课外锻炼的武术锻炼小组和武术协会。以自愿为原则组建武术锻炼小组和协会，锻炼小组以班级为单位，武术协会以学校为单位。锻炼小组多下午课后锻炼，武术协会则利用早上课前 30 分钟，课间大休息 30 分钟和下午课后 1 小时时间进行武术锻炼，组织表演竞赛活动❷。为了做好锻炼小组和协会工作，育才中学还安排不同专长的教师分别负责不同项目的锻炼小组，委派蒋兴谊老师负责武术协会（见表 6）。

❶李卫平. 开展自编操活动，培养学生的创新精神和实践能力［J］. 中国学校体育，2000（5）：51.

❷上海育才中学.怎么开展学校体育工作［M］. 上海：上海教育出版社，1984：59-60.

表 6　武术协会工作计划[1]

负责教师	课次	教学内容
蒋兴谊	第一次课	武术比赛的观赏
	第二次课	学习太极拳动作
	第三次课	学习太极拳，复习学过的
	第四次课	学习自编长拳，复习太极拳
	第五次课	学习自编长拳
	第六次课	学习太极拳
	第七次课	学习跳跃动作
	第八次课	武术裁判规则：1.违例　2.犯规
	第九次课	复习太极拳
	第十次课	复习自编长拳
	第十一次课	学习自编剑术
	第十二次课	复习太极拳，自编长拳
	第十三次课	教学分组比赛
	第十四次课	自我评价、互相评价
	第十五次课	小结、教师讲评

武术协会工作计划分为五类：一是武术基本功（手法，拳、掌、勾；步型，弓步、马步、扑步、虚步、歇步）和基本技能；二是学习 24 式太极拳、自编长拳、自编剑术；三是素质拓展（学习跳跃性动作、旋转动作）；四是学习武术比赛规则；五是欣赏武术比赛、文明观赏。

[1] 蒋兴谊老师提供的《育才中学 1992 年武术协会工作计划》。

第三，委托少体校教练代训育才中学武术队。早在1980年育才中学就请少体校教练代训武术队，据CWM教练口述道："其实是我们的队员安排到育才那里学习了！当时育才离我们武术院还很近，他们经常参加训练了！基本上每天都训练了，每天都训练两个小时到三个小时了。他们呢有的是从小开始练武术了，基础还是不错的，当时他们参加比赛了……当时参加的比赛有上海市的比赛，还有全国的青年组长拳、太极拳、南拳的一些比赛了。"（2010年9月24日，中学师生CWM访谈记录）当年负责"男拳"教改的JXY老师也说："他们（武术队员）进来的时候成绩（武术成绩）都很好，只是文化课成绩不好了。……（对他们的安排）我就宁愿让他们尽量多学点知识……（在教学助手上）我宁可培养新的学生做小干部……（这些小干部）一个在上海电视台，一个在师大实务会计所……都是复旦、同济大学毕业的！……还有一个就是周晓晔，上海师大辅导员，学生会的。"（2010年10月20日，中学师生JXY-4访谈记录）

总之，育才中学通过"师生编创施行武术操，成立武术锻炼小组和武术协会推进学生自锻，委托少体校代训武术队提高运动水平"等举措从普及与提高两方面同步推进了武术课外活动，拓展了武术教学的领域。

第三节 小结

育才中学"男拳女舞"课改，是段力佩校长教育改革的延伸，并因体育对学生健康的重要作用而实施“每天一节体育课”教改，因与其他体育活动相比武术是学生可以终身锻炼的项目而将武术作为体育教改的组成部分——以2节大课上体育课、4节小课上武术课而构建了“每天一节体育课”的教改系统。

在“男拳”教改中，育才中学还利用“聘请拳师和武术专家加强体育教师的武术培训，从外校抽调武术专业的体育教师担任‘男拳’教改的组织者，以教研活动为阵地推进其他专业体育教师的武术‘业务进修’，利用代课教师、实习教师充实武术师资力量，发挥小干部的助手作用辅助教师的武术教学”五种渠道成功地解决了武术教改的师资问题；以《体育教学大纲》之外的“初级长拳、初级刀术、功力拳、规定华拳、简化太极拳或者初级剑术”形成的育才中学武术教育的校本课程，解决了“教什么”问题；以“范、明、严、复、美”五字诀（教师正确示范的“范”，明确动作重点、难点、作用、动作的转换的“明”，严格动作要求的“严”，反复练习的“复”，美德教育的“美”）的武术教学新模式，解决了“如何教”问题；以“施行武术操，成立学生自锻的武术锻炼小组和武术协会，委托少体校代训武术队”丰富了武术教育的课外活动。

育才中学“男拳”教改的历史实践，不仅启发我们深入思考进行武术现状调查研究潜在命题的真与伪，追忆学校武术的基础，而且也为我们积累了整合资源、创造条件的武术教改经验。

第四章　外国人的文化记忆

“武术是什么”，这是一个武术界讨论已久的学术性问题，也是一个武术国际传播的实践性问题。2011 年 8—11 月，通过 20 名留学生和外籍教师的口述访谈发现，外国人了解武术的途径是武打影视片，他们也从文化视角分成两层次理解武术，分别对应于泰勒关于“文化”定义的两个层面[1]。

第一节　通过武打片了解中国武术

有人调查发现，70%以上的欧洲人通过中国武打电影尤其是由李小龙、成龙、李连杰等武打明星主演的电影知道中国武术，领略中国武术的文化内涵[2]。一项对 27 个国家 272

❶英国人类学家爱德华·泰勒在《原始文化》（1871 年）关于文化的定义中告诉我们，那是由“知识、信仰、艺术、法律、道德、风俗”组成的一套系统（包括知识、信仰、艺术、法律、道德、风俗）以及作为一个社会成员所获得的能力与习惯的复杂整体。

❷龙国强．中国武术在欧洲的发展现状及国际化发展研究［J］．中国体育科技，2007（6）：27-30，90.

名留学生的调查研究也显示，国外人主要通过“武打影视片、看见别人在习练、网络媒体”了解武术[1]。

一、李小龙的功夫

第一，李小龙实现了武术作为 CHINA KONGFU 的全球传播。首先，国外人从影视上看到李小龙的搏击能力。李小龙的搏击能力在影像上所表现的“李三脚”之技、双节棍之器、凌厉之声、睥睨之眼神等形象，有着丰富的武术学养作为基础。他 7 岁从父学太极，13 岁入咏春门拜叶问为师，后转学蔡李佛拳门和截拳名家邵汉生[2]，并与美国“柔术之父”肯尼·拉贝尔、“美国空手道之父”艾得·帕克、“美国跆拳道之父”李峻九、四度入选“黑带群英殿”的丹·伊鲁山度等人进行了武术交流，通过录像研习了乔·路易斯和阿里等人的拳击技术，于大学期间专修了击剑，而以打之主线在武术界形成“截拳道”[3]。

---

[1] 于翠兰，吴晓红．武术国际传播状况的跨文化调查［J］．北京体育大学学报，2005（10）：1332-1333，1440．

[2] 李小龙对中国武术的吸收，还包括曾于青年时代在竞技拳台上打败美国和俄国拳手的当代武术家蔡龙云。李小龙不仅将蔡龙云《武术运动基本训练》之著放于案前，作为每日必读教材；而且也表现为其著《基本中国拳法》的创作之中，还反映在《龙争虎斗》中“击步三不落地旋风脚”对蔡著“击步三不落地”的改造性使用。参见李健豪，鲁云.李小龙与中国传统武术渊源［J］．武林，2002（11）：10．

[3] 戴国斌．中国武术的文化生产［M］．上海：上海人民出版社，2015：153．

BruceLee（李小龙），非常强大，没有人能够打败他。我看过的那些武打场面，虽然很久了，但是我还是记得很清楚，给我印象最深的就是他的腿功，真真实实地打在坏人的身上，根本不是在演戏，就是在实战吗！中国功夫简直就是……太厉害了！（2012年8月6日，外籍教师J的访谈记录）

李小龙不仅在日本享有“武之圣者”之称，1993年《黑带》杂志将其评为“近代世界七大武术家”之一，而且他所创的“截拳道”被美国特种突击队选作必修课，李小龙截拳道俱乐部分布许多国家[1]。

其次，国外人将李小龙看作功夫的代表。在先后“打败”国外武术（《唐山大兄》的泰拳、《精武门》的柔道、《龙争虎斗》的拳击、《猛龙过江》的世界冠军等）之后，李小龙在《黄飞鸿》意味深长地“打败”了广州精武会出身的石坚[2]，展示了他以及他所创截拳道的“无所不能”，而成为中国功夫的代表。一谈到李小龙，俄罗斯留学生LJ就眉飞色舞地说道：

“在我少年时期，很喜欢看BruceLee的影片，他的名字已经成为功夫的代表，同时也代表了中国人的形

❶戴国斌．武术的文化生产［D］．上海：华东师范大学博士后工作报告，2008：124.

❷戴国斌．武术的文化生产［D］．上海：华东师范大学博士后工作报告，2008：129.

象。当时，在我的心目中，中国功夫很神秘，中国人似乎个个都是武林高手。因为电影和媒体的报道，我们感到中国功夫很神秘，一谈到中国功夫，我们立刻想到，李小龙，他好像是中国形象的代表。我们认为大部分中国人好像都练过中国功夫，所以，每当见到中国人就会问一问：'你是否会功夫？'如果他会的话，就立刻想跟他学几招。"（2012 年 10 月 2 日，俄罗斯留学生 LJ 的采访记录）

再次，国外人通过李小龙影视将中国武术定位为功夫。李小龙以"真实的打"实现了武术作为 CHINA KONGFU 的全球传播[1]，其代表作《唐山大兄》《精武门》《龙争虎斗》《猛龙过江》等影片，不仅为中国功夫片打下了"半壁江山"，也让中国功夫名扬世界[2]。具体说来，李小龙"注重实效""招式简单""招法直接"的截拳道功夫[3]，以剽悍、富有进攻性和实力重振了亚洲男性体魄之雄风[4]，也以极度逼真的格斗视觉给观众留下难以忘怀的审美印象[5]。为此，

❶戴国斌. 不同历史时期武术影视明星发展特征研究——以李小龙、成龙、李连杰为例［J］. 北京体育大学学报，2011（6）：37-40.

❷杨子岩，鄢云. 功夫片助推海外中华武术热［N］. 人民日报海外版，2010-08-26（06）.

❸郝钢，张继生，罗孝志. 李小龙创立与传播截拳道对中国武术的贡献与启示［J］. 搏击·武术科学，2010（12）：11-13.

❹袁书，徐建生，译. 美国语境中的功夫片读解：从李小龙到成龙［J］. 世界电影，2005（1）：4-19.

❺余立武，袁镇澜. 李小龙给武术发展的启示［J］. 军事体育进修学院学报，2010（1）：34-36.

喜欢搏击项目的日本留学生 TTM 如是说：

> “我很喜欢搏斗项目，所以就经常看武打影视片，特别喜欢看李小龙的电影，觉得他的影片都很棒，而且都是很真实的打斗场面，观看他的影片不仅振奋人心，而且可以学到很多招式。我常常自己模仿练习，然后找几个朋友来一块打一打，结果发现中国武术的招式都很实用。所以，我开始对中国武术着迷……”（2012 年 8 月 6 日，日本留学生 TTM 的访谈记录）

总之，李小龙在上世纪六七十年代的系列武打片，不仅在海外刮起了一股中国功夫风[1]，而且也以被压迫者的民族主义之歌，使其他民族从中读解出自己民族发展的意向，而具有广泛的国际影响力[2]。

二、成龙的喜剧

第一，成龙以“喜剧的打”实现功夫喜剧化转向。成龙的武术之技兼取百家、杂耍性强、随心所欲地拼凑，甚至是滑稽模仿、歪打正着[3]。成龙的功夫喜剧，不仅是“李小龙

---

[1]徐健博. 外国人为什么喜欢中国功夫［N］. 新华每日电讯，2011-01-28（16）.

[2]戴国斌. 武术的文化生产［D］. 上海：华东师范大学博士后工作报告，2008：128.

[3]胡克. 成龙电影中的喜剧性动作与暴力［J］. 当代电影，2000（1）：68-72.

一拳击破墙壁，我偏偏一拳打在墙上痛得直跳”的差异，而且他还利用地形实施边跑边打的“运动战”，利用身边生活之物（《A计划》的自行车、竹竿、梯子，《我是谁》的对手西装、领带，《龙少爷》的踢毽子，《一个好人》繁华的商场、奔驰的马车）[1]，凸显了动作片的戏剧性。其“格调健康清新、画面干净利落、打斗诙谐幽默”的表达方式，而无血腥暴力感，可让全家人一起观看[2]。

> 最初选择武术的原因是因为Jack chen（成龙）的电影，很幽默。……当时看电影时，“啊，他做的是什么动作啊”！（惊讶）（2012年10月9日，捷克留学生KJ的采访记录）

第二，成龙以“喜剧的打”展示了正义战胜邪恶的美景。与李小龙“英雄愤世嫉俗、生来强大、为理想与信念而死、追求悲剧英雄的崇高感”不同，成龙的英雄不仅是“市井小民、憨厚纯朴、始于羸弱终于强大”[3]，而且也以拳脚“打出人间不平，展现做人道义”[4]。

---

[1] 戴国斌．武术的文化生产［D］．上海：华东师范大学博士后工作报告，2008：132.

[2] 林良敏．业内名家纵论中国功夫电影对世界的影响［N］．中国文化报，2005-06-17.

[3] 王海洲．成龙电影：英雄形象及其变奏［J］．当代电影，2000（1）：84.

[4] 周星．论成龙电影的东方文化特征［J］．当代电影，2000（1）：78-83.

武术的牌子（门派）非常多，有用刀、剑的，有什么也不用的，还有用上肢的，有用腿的，还有气功。内容太多，太杂。但是我还是最喜欢酒拳（醉拳），那个什么……成龙还是李小龙演的电影？晃晃悠悠的，好像要摔倒，又倒不了；真的倒了，又一下子能够跳起来，非常厉害。还有，他从一个小混混，在被别人打了以后，非常苦的练功，成为功夫高手，最后打败大坏蛋，我很喜欢这样的故事。（2012 年 10 月 2 日，俄罗斯留学生 LJ 的采访记录）

总之，成龙不仅以平民形象演绎了喜剧的打，而且也以“诚厚无伪，善良温厚”的人物[1]，呈现其忍辱负重品质在被逼无奈之后所爆发出的“扶危济困”的东方式反抗英堆形象[2]。

三、李连杰的武术

第一，开启了功夫的审美新境界。连续五次获得全国武术比赛男子全能冠军的李连杰，以其扎实的武术功底（其动作曾被武术界公认为“速度快、动作准、力度大、弹跳好、节奏明、姿势美”），生产了动作片的美学新境界。其《精武

[1]周星. 论成龙电影的东方文化特征［J］. 当代电影，2000（1）：78-83.
[2]胡克. 成龙电影中的喜剧性动作与暴力［J］. 当代电影，2000（1）：68-72.

英雄》成为全世界公认的功夫片教科书、《霍元甲》的武打技术被美国称为“好莱坞动作美学的指标[1]；同时其“刀刀夺命，枪枪出彩，剑剑寒光，动作刚柔相济、虚实结合”的动作设计，也让人过瘾而心惊[2]。

> 李连杰演的《英雄》，影片中有剑，剑光闪闪，刷刷非常好看（随即比划了几下）。另外，音乐和武打的结合，真美啊！很清的湖水，人在水上飞，剑那么一划（比划了一下），加上音乐声音，还有枪、剑相撞后的声音，印象太深刻了！（2012年8月6日，日本留学生TTM的访谈记录）

第二，开发了功夫审美新意象。一方面，以《黄飞鸿之男儿当自强》（1992）的腾空连踢七腿“佛山无影脚”，《精武英雄》（1994）“单手撑地的连续侧踢、凌空向后翻腾的踢击”等新的技术，《黄飞鸿》（1991）竹梯上的打斗方式，《方世玉》（1993）的“人头上的较量、监斩台下夹层中的大战、高空板凳之战”，《洪熙官》（1993）文定金鸡独立于洪熙官肩头一上一下连同作战等动作新场景与新方

[1] 戴国斌. 不同历史时期武术影视明星发展特征研究——以李小龙、成龙、李连杰为例［J］. 北京体育大学出版社，2011（6）：37-40.

[2] 方刚. 李连杰武侠电影的文化内涵与艺术精神［J］. 电影评介，2010（8）：6.

式，开拓了功夫新意向[1]；另一方面，在《英雄》中引入中国文化元素（书法、琴韵、写意山水画面），造就一种空灵四溢的新意境[2]。

我爱好中国功夫，以前了解武术的途径就是电影和电视，在电影上武侠既能飞又力大无穷，简直就是无所不能！虽然明白影视里的武术和现实里的武术是不一样的，但我来的时候，还是想着可以在这里学到电影里的那种飞檐走壁。通过不断的学习和练武才知道，那是不可能的，只是电影的艺术创作。现在我对中国武术的认识多多了。（2012 年 10月 11 日，印度留学生 MDW 的访谈记录）

总之，在李小龙功夫片世界传播后，成龙、李连杰等武术影视明星所创造的功夫电影是近半个世纪武术传播的主要渠道[3]，功夫电影是帮助外国人了解武术的窗口，是驱使他们来中国学习武术的诱因[4]。

❶戴国斌．武术的文化生产［D］．上海：华东师范大学博士后工作报告，2008：135．

❷刘荆．李连杰的武侠人生［J］．电影评介，2010（6）：24．

❸徐健博．外国人为什么喜欢中国功夫［N］．新华每日电讯，2011-01-28（16）．

❹竹莉．记李连杰用电影宣传中国武术［J］．当代电视，1994（10）：12．

第二节　东方身体文化

武术文化是将暴力行为文明化后以其伦理化，而肩负起武术人的社会管理职责，推进了武术技术“由制人到制己”的转型[1]。在武术影视中，国外人看到了东方身体文化。

一、文质彬彬的武术礼仪

中国的礼是社会公认的行为规范，是以中庸为核心介于“野蛮”与“文明”之间的“文质彬彬”状态[2]，是表达情感、尊敬对方的方式，与保护人之权利的法不同，是以导达人之情感而具有性灵[3]。国外人通过武术影视看到了武术的礼仪。

第一，国外人看到了武德。首先，他们从影视上领略到了武术的武德。“武术电影中有很多武德内容，他们都不轻易出手，而是在不能忍让的时候，才被迫出手的。所以我感觉他们有的时候出手，都不是一定要把对方杀死，而是手下留情，我想这也是少林寺禅文化所提倡的，不杀生，讲慈

[1]戴国斌. 武术：身体的文化［M］. 北京：人民体育出版社，2011：314.

[2]王铭铭. 从礼仪看中国式社会理论［M］//经验与心态——历史、世界想象与社会. 桂林：广西师范大学出版社，2007：235-270.

[3]钱穆. 湖上闲思录［M］. 北京：三联书店，2000［1948］：49.

悲，这种‘仁’的精神，就是我要学习、我要研究的内容，因为它代表了中国的文化，只有通过研究武术、学习武术，我们才能体会到什么是‘仁’，体会到如何去关爱别人。因为我的愿望是当老师，去大学教武术，我要把我学习的心得让韩国学生知道，也鼓励他们来学习中国文化”。（2012 年 10 月 15 日，韩国留学生 CBX 的采访记录）其次，他们也从武术第一课上体会到武术对道德礼仪的重视。

来到中国，学太极拳时的第一课，老师就讲“抱拳礼”了：并步站立，左手四指伸直并拢向后伸张，拇指内扣为掌；右手五指卷紧，拇指压于食指、中指第二指关节上为拳，左掌右拳在胸前相抱，两臂撑圆，拳、掌与胸间距离为20~30 厘米。我记忆很深刻，因为，我觉得“抱拳礼”既表现了对别人的尊重，也规范他们的言行举止，规定什么可以做，什么不可以做，怎样做才会受到赞赏，而怎样做又会引起反感，使练武之人不能随心所欲，而必须遵循中国传统文化中约定俗成的礼仪规范，强制自己接受这种约束，养成这种习惯，遵循这种规范。如果每个习武之人都追求私欲，而不顾他人，使情欲横肆，就会导致人与人之间的矛盾与冲突，破坏武林乃至社会整体的和谐。因此，习武之人需要使自己的言谈举止时时处处符合“礼”的要求。（2012 年 10 月 8 日，意大利留学生 LC 的采访记录）

第二，国外人看到了武术人的“忍让与谦虚”品格。首先，他们看到武术“点到即止”之行为。“我还喜欢成龙演的《红番区》，它也是一部很棒的武打片，看了好几遍呢。成龙表现出了一种不同于西方的东方气息，例如，成龙的出招都是点到即止，并不是想要把哪个黑帮成员或哪个地痞流氓打死，而只是想教育教育他们，在这点上充分显示了东方文化的忍让与博爱。成龙的影片中表现的都是这样一种情况：男主角并不想让暴力一直持续下去，而是把坏人打败，然后劝解他们变成好人，不要再像以前那样活下去，可以说成龙的拳头没有打死他们，而是打醒了他们”。（2012 年 10 月 2 日，俄罗斯留学生 LJ 的访谈记录）其次，他们也感受到武术人的谦虚特征。

> 最初接触武术是通过武打影视片，就是李连杰、李小龙和成龙的电影。他们在蒙古很流行，差不多所有的蒙古人都通过看这些影片知道了中国武术。我非常喜欢李连杰，他虽然不算高，顶多一米七，但浑身上下透着自信、气势、还有点恐怖，他的拳、脚都非常快、非常有力量，总之非常厉害！平时我很关注他，我看过他的报道，总觉得他在生活中有一种典型的中国人特征，谦虚、执着、上进。（2012 年 10 月 8 日，意大利留学生 LC 的采访记录）

第三，国外人看到武术对君子的培养。首先，他们从影视上看到中国人和谐精神下的为人处世。“中国人最强调和谐……中国传统价值观的精髓是始终把谋求人与自然、社会的和谐统一作为人生理想的主旋律，讲包容、知敬畏、懂谦让、提倡社会和家庭和谐。这些观点，以前的时候只是在学中文的时候听老师讲过，当时根本理解不了，模模糊糊的。在练习太极拳的过程中，经常跟教练和同学交流经验与感受，后来慢慢地理解了。比如太极拳并不是要主动攻击对方，而是要把对方的攻击力量化解，而且要顺着对方的劲，不能跟他冲突。只是要制服他，并不是要把他打伤、打残，这就叫‘点到为止’吧，我想这就是中国文化中的人与人之间的和谐”。（2012 年 10 月 8 日，意大利留学生 LG 的采访记录）其次，他们发现武术对人格的作用，将中国武术视为绅士的培养。

> 刚开始练时，每个动作都觉得很别扭，心情也很不平静，有好几次都想放弃，特别是第一个月，很难熬。我很自豪的是，我终于坚持下来了，现在练起来觉得很舒服了，而且也会调整呼吸了，练的时候心情很平静，这样的心态在练完了之后还会保持很长一段时间。我的朋友说我的脾气不暴躁了，他们都愿跟我交往了，因为我总想着练太极拳时的感觉，所以跟他们交往也就总是心平气和的。我经常跟他们讲，快来练习太极拳吧，它不光能使你的身体健壮，还能锻炼你的心情，使你在日常生活中像一个绅士。（2012 年 10 月 2 日，俄罗斯留学生 LJ 的访谈记录）

总之，在观看武术影视和练习武术活动中，国外人首先被文质彬彬的武术礼仪所吸引，其次他们从中看到了武德的行为规范和武术的精神追求，读解了武术人的人格特征，最后在智识上将武术定位于培养君子的东方身体文化。

二、内涵丰富的武术之道

道，作为中国传统哲学范畴，内含阴阳，与“天人合一”思想相关。在中国，先有“一阴一阳谓之道”的哲学之道，后有“一阴一阳谓之拳”的武术之道。国外人通过武术尤其是太极拳体验武术之道、理解哲学之道。

第一，武术之道表现了中国人对自然关系的处理。首先，国外人从呼吸之气中体认太极拳吐故纳新中的“天人合一”。“练习太极拳的时候，我们都会在一个环境优雅、安静的地方练习，环境好了练习效果才会好，还有教练要求我们缓慢深长地呼吸，把大自然中的新鲜空气吸到自己体内，然后把体内的不好的气呼出来，这样人体和大自然就通过‘气’联系在一起了！这样就是达到‘天人合一’了”。(2012 年 10 月 11 日，印度留学生 MDW 的访谈记录)

其次，国外人将练拳时与周边环境融为一体理解为“天人合一”的运动境界。“我练拳的时候，都是在校园里，有花草树木，有新鲜的空气，当你和周围的环境联系在一起的时候，你会觉得心里很舒服，这时你会觉得生活很有意义……我练太极拳的时候可以和脚下的草坪、周围的树木及四周的空气等自然界的物体融合在一起，感觉自己成了环境的一部分，好像把自己都忘掉了，我想，也许这就是‘天

人和一’吧。这种感觉很美妙、很享受”。（2012 年 8 月 6 日，外籍教师 J 的访谈记录）

最后，国外人将“天人合一”升华为对自然规律的把握。“习练太极……它提醒我们与自然和谐相处，因为大自然有它的发展规律，我们不仅要改变自然，也应当按照自然的规律适应自然”。（2012 年 10 月 22 日，德国博士生 LQ 采访记录）

第二，武术之道表现了中国人对人际关系的处理。首先，国外人感悟到太极拳对为人处世和认识事物的作用。“对‘阴阳’通过练太极拳有所感受，在我看来，它就是刚柔相济、阴阳互补的中庸之道……‘阴阳’之道要求人们在为人处事上不要走极端，保持中和，这样就达到了阴阳的平衡，是一种和谐的表现，因此，与人交往上，不能过于偏激。说这人好，并不见得这人样样均好；说那人坏，并不见得那人样样均坏。要掌握分寸，过分亲密是疏远的开始。常言说，君子之交淡如水，小人之交甜如蜜，不可不察其中所含的哲理。在对待事情上要一分为二，用阴阳、刚柔两只眼去看”。（2012 年 10 月 15 日，俄罗斯留学生 LL 的采访记录）

其次，国外人将武术之道概括为自我控制的能力。“你看，太极拳的理论讲到的粘连黏随、不丢不顶，就是告诉我们，在处理生活当中的琐事的时候，让自己不那么太激进。最明显的是对我的自控能力的培养，以前为了小事有时会发脾气，但是现在，我觉得不那么容易发脾气了”。（2012 年 10 月 22 日，德国博士生 LQ 的采访记录）

第三，武术之道表现为中国人对立统一的总结。首先，国外人从太极拳运动的重心变化中体认到阴阳转化。“练习太极拳的时候，老师说的重心的把握，也就是虚实的把握，这些也是中国文化中的阴阳学说的表现，阴阳对应的就是虚实，所以在练拳的时候就是阴阳不停地转换，这好像跟太极图有关”。（2012 年 10 月 11 日，韩国留学生 LYJ 的采访记录）

其次，国外人从动作与呼吸配合中体认“身与心”对立统一的双重要求，认识武术“身心兼修”的要求。“我现在练习太极拳，已经开始感觉身体内在的东西了，你比如说调整呼吸，慢慢感受动作和呼吸的配合，我就是想身心兼修”。（2012 年 10 月 11 日，韩国留学生 LYJ 的采访记录）

最后，国外人改变了“色彩”的意识形态，以阴阳性理解改变了以往对色彩的价值判断。“我们外国人和中国人有很多不一样的地方，有很多区别……原来觉得黑的就是不好的，现在感觉黑不一定不好。阴阳就是黑白，黑的不一定是坏的东西，黑白可以转换，没有黑就没有白，比如说太极拳的动作虚实就是黑白，它改变了我的思维方式，让我从黑白两方面看问题、思考。在北京大学我们有学过书法课和茶艺课，感兴趣但是没有时间学。我喜欢书法，写书法也要求黑白，书写用力有劲就是黑，轻轻一写就是白。其实在生活中，也处处存在着阴和阳，只是我们没有注意到罢了”。（2012 年 10 月 22 日，德国博士生 LQ 采访记录）

总之，国外人不仅从太极拳吐故纳新的呼吸中体认到武术之道的天人合一、从太极拳的阴阳相济追求中理解中国所倡导的为人处世、从太极拳运动重心变换中认识到中国人对矛盾双方对立统一关系的把握，而且也在武术锻炼中改变了一些态度、认识、行为。

第三节　小结

在外国人眼中，他们一方面在技术层面将武术理解为形而下之术，转译为“Martial Arts”，直译为“功夫”（Kong-fu）；另一方面，他们尤其是那些习练过武术（具有武术锻炼经历）的外国人在思想层次将武术界定为形而上的道，视为理解中国文化的窗口。

“我喜欢中国，孔子、李小龙，中国文化和中国武术的神秘吸引着我，我觉得很有意思的。我非常渴望了解中国文化，所以就想办法来到了中国。来了之后，除了学习中文以外，我还喜欢上了太极拳。24 式太极拳我已经练会了，现在想再学点更难的。美国人对中国武术不仅仅是喜欢，而且可以说是崇拜。他们认为中国功夫的魅力不仅仅在于搏击格斗和防身自卫，还有健身，更重要的是武术中蕴涵了丰富的哲理与历史渊源，这一些也更令人着迷。因此，在美国人看来，不管你能不能理解，中国武术确实是开启中国传统文化的钥匙，是美国人了解中国的一个很好的途径。来中国这么多年，通过学习汉语、练习太极拳，我对中国文化的认识越来越多了”。（2012 年 8 月 6 日，外籍教师 J 的访谈记录）

第五章 结 论

“在新中国武术发展中人们对武术的记忆是什么”，或者说“人们心中的新中国武术发展是什么”，是本研究追问的主题。在研究包括“武术锻炼者、武术知青、武术教改师生、国外人”四类七十九名口述者访谈之后，本研究暂作如下总结性描述：首先，在集体记忆的内容上，对我国大众而言，武术是与他们生活相关的健康记忆，是与特殊年代相关的命运奋斗的抗争记忆，是与教育理想相关的教改记忆；对外国人来说，中国武术是与技术相关的搏击术，是与思想相关的道，其武术锻炼成了他们的文化记忆。其次，在集体记忆的机制上，新中国武术发展的集体记忆是以“病夫的抗争”作为社会框架，在大众对共同经历的分享中将不同的个体记忆整合成具有共性的集体记忆。

一、集体记忆的内容

第一，大众的健身记忆。首先，处于亚健康、身患慢性病的体弱者，在亲朋好友与医生的建议以及单位的组织下，选择太极拳作为恢复身体功能的康复治疗性“运动处方”，他们也从“抵抗力增强、身体康复、脾气改善”等身心变化体验到健身之效，从“健身经历的交流”中形成集体的健康记忆。其次，为木兰拳动作、音乐与服装的美所吸引的中老年妇女，从“身体舒适感、睡眠的质量”体验木兰拳的锻炼效果，从“心情的改善、身体形象的改进、气质的改变”品尝到木兰拳锻炼的给身心带来健美效果，而留下了“美容”记忆。再次，退休者将武术锻炼用作消磨时间之后，不仅缓解了他们退休后“无所事事”的失落感，而且也拓展了他们保持正常人际交往途径，不仅增加了“走出家门、融入社会、与人交往”的机会，而且也以武术锻炼的“作息时间”化丰富了退休生活，形成了新生活的集体记忆。最后，绝望的癌症患者在医生建议下尝试性地选用气功健身，在病友的社会支持中坚定锻炼信心，在“促进消化功能、提高睡眠质量、增强身体活动能力、改善身体状况”中坚持气功锻炼，而形成了刻骨铭心的抗癌记忆。总之，大众武术锻炼的简史大致可分为四个阶段。一是在武术锻炼增强了基本活动能力后，将武术锻炼制度化；二是在坚持武术锻炼中，增强了体质，提高了免疫力；三是在结合武术锻炼与医学治疗中，减轻了病症，迈步康复之旅；四是在收获身体健康的同时，促进了社会交往，改善了精神面貌，恢复了正常人的意识和形象。

第二，武术知青的抗争记忆。首先，来到农村后，武术知青原初的激情、兴奋、理想被眼前的贫穷、落后、艰辛所代替。在感到失落和绝望、对前途充满忧虑时，知青沿用中学的生活方式应对农村生活，武术知青恢复了练拳。武术知青的练拳，缓解了他们的精神痛苦，强化了武术人“意志顽强”的自我暗示，而在一定程度上促进了他们对农村生活的适应。其次，在“武术即功夫”的社会认知作用下武术知青赢得了更多社会关注，并以武术的一技之长通过“进宣传队、代表乡镇参加武术比赛、成为队长”改变了农村生活的境遇。最后，在武术人身份认同的作用下，以吃苦耐劳的表现赢得了广泛好评，并在推荐上大学中成为工农兵学员、在推荐招工中成为工人、在恢复高考后成为大学生，而最终改变了自己的命运。总之，武术知青以一技之长、吃苦耐劳品质改善际遇、改变命运，而形成抗争记忆。

第三，育才中学的教改记忆。上世纪 80 年代，育才中学的体育教育改革，因体育对学生健康的重要作用，而实施“每天一节体育课”教改；因与其他体育活动相比武术是学生可以终身锻炼的项目，而将武术作为体育教改组成部分——以 2 节大课上体育课、4 节小课上武术课实施“每天一节体育课”的全面教改。在“男拳”教改中，育才中学利用“聘请武术专家加强体育教师的武术培训，从外校抽调武术专业的体育教师担任‘男拳’教改的组织者，以教研活动为阵地推进其他专业体育教师的武术‘业务进修’，借用代课教师、实习教师充实武术师资力量，利用小干部的助手作用辅助武术教学”五种渠道解决师资问题，以《体育教学大纲》之外的“初级长拳、初级刀术、功力拳、规定华拳、简化太极拳或者初级剑术”形成的育才中学武术教育的校本课程解决“教什么”问题，以“范、明、严、复、美”五字诀的武术教学新模式解决“如何教”问题，以“施行武术操，成立学生自锻的武术锻炼小组和武术协会，委托少体校代训武术队”构建武术教育课外活动的系统。总之，育才中学“男拳”教改在师生共同努力下构建的武术教育新系统，为我们留下了可歌可泣的武术教育理想的集体记忆。

第四，外国人的文化记忆。在武打片引导下、在武术锻炼体验中，留学生和外籍教师等外国人从文化的两层面理解武术。一方面，他们在技术层面上将中国武术理解成一种搏击术，另一方面从理论层面将中国武术视为一种道。换言之，他们不仅体验到中国武术技术的丰富性和实用性，而且也领略到中国武术文化的辩证性和伦理性；在此，他们不仅从中知晓了中国人对“人与自然的关系”和“人际关系”的处理及“对立统一”观点，而且也感受到中国武术在塑造彬彬礼仪、谦谦君子、敦厚武德等方面的作用。总之，外国人对武术的记忆是文化的记忆，武术也成为他们理解中国文化的窗口。

二、集体记忆的方式

第一，个体与集体。哈布瓦赫从记忆的个体性和集体性出发，将集体记忆定义为“一个特定社会群体成员共享往事的过程和结果”。可见，个体与集体，是集体记忆绕不开的两大问题。虽然，个人记忆是个人的生活经历，集体记忆是经历同样事件的人们的共同记忆。但是，两者又是关联的，个体常从群体思想观念理解自己的记忆，集体则在个体记忆中实现与体现自己，在共同经历将不同个体关联而形成集体记忆。**首先，个体关联的基础是共同的经历。**曼海姆认为，作为“一代人的问题”是那些具有共同命运、相同经历个体的相同反应。在哈布瓦赫看来，集体记忆通过社会交际来维持。武术锻炼这一共同的经历，不仅使个体间可以交往、互动，而且也成为不同个体交往的前提与内容、集体记忆得以形成的平台与基础。**其次，共同经历分享的内容是过去的意义。**哈布瓦赫认为，“集体记忆源于过去意义的共同交流，这些过去的意义停留在分享各个集体的公共生活个人的生活世界之中”。可见，新中国武术发展的集体记忆在本质上是立足现在而对过去的重构，不仅具有“定格过去、限定当下、规约未来”的作用，是“过去、现在、未来”的统一体，而且也是一种超个体跨时空的结合体，其中交融中不同时间空间个体过去的武术记忆。**最后，共同经历交往的结果是抽象成共性的“无事件境”。**虽然，个体记忆是具体、鲜活、质感的，但是，为了克服个体特殊经历的局限性、涵盖不同的个体记忆、反映集体的特征，在不同个体共同经历的交往中，武术的集体记忆通过对不同个体记忆的收容、整合、改编等，抽象出集体的共性，或为大众的健康记忆、知青的抗争记忆、师生的武术教改记忆、外国人的文化记忆，而表征为某种家族相似性。换言之，集体记忆并非个体记忆的简单的总和，而是个体自传记忆转化为方慧蓉所说的“没有事件边界、将不同事件混杂模糊状态”的“无事件境”之后，用源源不断个体记忆的重复与补充内具活力，以不同表象共性的抽象而外现静止、固定、永恒的本质。总之，新中国武术发展的集体记忆不仅以过去意义的分享而将过去、现在、未来关联在一起，而且也用不同表象的共性将个体关联成集体。

第二，社会的框架。在建构集体记忆理论时，哈布瓦赫用“记忆的社会框架”讨论个体与集体的互动以及集体记忆的形成。他认为，“存在着一个所谓的集体记忆和记忆的社会框架；从而，我们的个体思想将自身置于这些框架内，并汇入到能够进行回忆中去”。**首先，新中国武术发展集体记忆的社会框架是“病夫的抗争”**。近代以来，当中国人不得不以西方他者来认识自己，继“技不如人、制度不如人、思想不如人”之后，人们又运用严复对中国社会衰弱表征的“病夫”得出“身体不如人”的结论，中国现代化也由“变器”“改制”“改性”转移到“身体手术”，并在民国“强国强种”口号中推进了武术进军队、进学校、进社区、进机关等现代化之旅，在新中国“增强人民体质”使命中推进了武术运动的全面发展。**其次，“病夫抗争”的“身体狂想”**。肩负“增强人民体质”政治使命的新中国武术运动，使中国人以此体验健康、健美、美好生活、教育理想的梦想，也使外国人以此想象中国武术围绕身体形成的技术文化、伦理追求、哲学精神。总之，作为身体文化的武术，在近代社会精英发现中国衰弱的身体因素之后，成为现代民族国家建设的组成，构建了人们理解武术意义、见证新中国武术发展的社会框架，人们也从这一社会框架中以各自不同的身体体验组成了新中国武术运动的集体记忆。

三、集体记忆研究的启示

口述史作为一种新方法、新思路，前途广阔，可弥补现行武术发展研究的宏大叙事中没有武术人微观视角的不足。运用“还原普通人历史”的口述史研究方法，深入武术发展的“田野”，不仅可以收集大众锻炼的具体体验，从大众锻炼史折射全民健身运动，而且也可以收集运动员训练的经历，从某运动队某时期武术训练史反映竞技武术的发展等。

当然，围绕集体记忆的口述史研究也为我们指出了武术研究的新方向。例如，不论是个体记忆还是集体记忆，武术的记忆都是以本体感受为基础而建立的新的身心模式，那么探究“武术锻炼、武术教育、武术竞技”所建立的身心模式，最终形成的武术惯习，就成为了武术研究的新任务。再如，历史是人的历史，那么如何运用口述史方法将武术历史研究落实到武术人的人生史描绘，刻画“大众的武术锻炼史、师生的武术教育史、教练员与运动员的训练史、裁判员与运动员和教练员的竞赛史、国外的武术引进与发展的传播史、武术家的技术保真与创新史”等，都是武术历史研究的新领域。

第六章　口述实录选编

一、蔡龙云先生访谈录

口述者：蔡龙云❶

访谈者：戴国斌

时　间：2009 年 7 月 17 日(周五)，上午 9:30—11:00

2009 年 10 月 3 日(周五)，上午 9:00—10:45

2009 年 10 月 10 日(周六)，上午 8:30—10:20

---

❶蔡龙云先生为国家体育总局武术研究院原副院长，我国首批中国武术九段，全国武术十大名教授之一。1943 年、1946 年击败俄籍拳击手和美籍拳王，时称“神拳大龙”；新中国成立后，在 1953 年“全国民族形式体育表演及竞赛大会”上获得金质奖章，1954 年作为新中国首批国家武术队成员，兼任政治辅导员；主编了我国第一部《武术竞赛规则》，出版了《武术基本动作应用术语》《武术运动基本训练》，发表了《我对武术的看法》《武术的起源与发展》等文章，解读了剑术运动“工、行、醉、绵、别”的“五体”之别，概括了武术套路技法的“四击，八法，十二型”，负责编写了 1961 年、1978 年、1983 年全国体育院校通用教材《武术》，主编了《国际武术教练员培训教材》《国际武术裁判员培训教材》，获得国家体委颁发的新中国体育开拓者荣誉。2008 年，继周晓燕、余秋雨之后，上海市教育委员会在上海体育学院成立上海市继余秋雨、周晓燕之后第三个以个人命名的大师工作室——“蔡龙云大师工作室”。2015 年 10 月 10 日，蔡龙云先生驾鹤西去，万分悲痛，在此悼念。

地点：蔡龙云大师工作室；蔡龙云先生在上海市杨浦区清源环路的寓所

（一）1953 年，举行全国民族形式体育表演及竞赛大会

戴国斌（以下简称戴）：目前，不少武术研究者好像忘记了新中国武术新系统构建的历史，本次采访集中于新中国武术运动从表演竞赛大会到形成第一部规则、从简化太极拳到三级五类套路创编的初萌阶段。您在 1952 年参加了全国第 2 届青年代表大会……

蔡龙云（以下简称蔡）：好像是 1953 年！

戴：您还参加了全国民族形式体育表演及竞赛大会（以下简称民族体育表演赛）……

蔡：不是一起，青代会是天热的时候，好像是 5、6、7、8 月份[1]；民族体育表演赛是 11 月份；青代会在北京，民族体育表演赛在天津；好像是同一年。

戴：在民族体育表演赛（1953 年 11 月 8—12 日）上，您表演了峨眉刀、一路四路华拳，获得金质奖章。

蔡：它叫优秀奖，也就是金质。

戴：当时如何评出这个奖的？

蔡：我们当时都是各报各的，由裁判员评判，评判标准

[1] 中华全国青年第二次代表大会，于 1953 年 6 月 10 日至 15 日在北京中南海怀仁堂举行，6 月 14 日，毛泽东在怀仁堂晚会上会见了广泛代表全国各族各界青年的 560 名代表（根据《全国青联历届全体会议简介》整理）。

采用解放前的那套东西……

戴：是动作规范、演练水平等❶。

蔡：对！1953年我们参加民族体育表演赛时，上海采用选拔的方式进行全市选拔赛，其他地方我不清楚，上海比了好几天，先是选拔上海市代表队，然后是选拔华东区代表队❷。

（二）1954年，成立第一支国家武术队

戴：1954年，在北体大成立了第一支国家武术队……

蔡：不能叫北体大，那时叫中央体育学院；并且第一支国家武术队也不是中央体育学院成立的，是国家成立的。

戴：您担任队长和政治辅导员。

蔡：我不是队长，是运动员兼政治辅导员。

戴：作为政治辅导员，您做了哪些工作？遇到的棘手问题是什么？

❶1948年5月，第7届全国运动会（上海江湾体育场）武术比赛的规则是“以姿势、动作、运动为标准，每种均以100分计算，再以三种之总分平均之，即为应得分数”。

❷1953年8月16—17日，上海举行了“上海市民族形式体育表演会”，有88人（9名女运动员）参加了武术比赛，选拔16名武术运动员参加“华东区第1届人民体育大会”（蔡龙云，蔡鸿祥，胡汉平，张继先，赵金铎，邵善康，章海深，赵鸿剑，周凯龙，王菊蓉，金莲芳，佟佩云，高君珠，濮冰如，顾忠鑫，马葆琛）。华东（上海和山东）选拔了16名运动员参加全国民族形式体育表演及竞赛大会（蔡龙云，蔡鸿祥，胡汉平，赵金铎，邵善康，王菊蓉，金莲芳，佟佩云，高君珠；解恩礼，邱桂香，李赞臣，周永福，周永祥，朱宪章，赵瑞章）。

蔡：我负责国家武术队的思想工作和政治学习。哈哈，没有什么困难问题！

戴：国家队面对的问题是，如何训练来自于不同拳场、具有不同动作标准的运动员？

蔡：那是根据个人，归教练员管；技术是有差异，主要由个人自己把关，大约是每周还是每半个月，我记不清了，有一个会诊，会诊时你练大家看，互相提提意见。因为，这些在全国民族形式体育表演及竞赛大会获奖的运动员水平都不低。

戴：每人从不同的角度看，提出意见，接受不接受意见是你自己的事。但是，平时有没有集体训练呢？训练什么内容？

蔡：都是一起训练，整队后做准备活动，然后压腿、踢腿等训练就是自己练，教练员在旁边看看。总之，训练是各人自己的事，不集体做，因为各人不一样。

戴：国家队的集体训练是大家在一个场地上各练各的，有没有每人在教练员面前打一边？

蔡：不是你个人练，它分成两个小组，（因为）有两个教练员吗！教练员是……孙文宾，山东的；哈尔滨的李天骥。后来是三个教练员，大概 1954 年末还是 1955 年初，可能是 1954 年末，华北行政区撤销后[1]，华北武术队归入国家队，华北武术队教练员周树林成为国家队教练员。当时，孙

---

[1] 1954 年 6 月 19 日中央人民政府委员会第 32 次会议决定，撤销六大行政区。

文宾与李天骥住一间，我与周树林住一间。

并入国家队的华北武术队有5~6人，其中有2人是参加1953年天津民族体育表演赛的，水平比较高，有1~2个不太会武术，国家体委毛处长（毛伯浩）指定我教其中两个队员，等于从头教。

戴：第一支国家武术队有哪些人？

蔡：运动员大多是1953年民族体育表演赛得奖的，起初是10~11人，后来加上华北队共有16~17人。上海……当时称华东，上海有邵善康、金莲芳、胡汉平和我，蔡鸿祥因政审原因未能进入国家队，还有山东邱桂香和刘崇禧；华北有李文贞，李文贞的妹妹李文兰和妹夫杨春山，以及刘万福、赵淑琴、田永福；还有东北的成传锐，西南的肖应鹏，中南的沈少三和马春喜。

戴：当时国家武术队成立不久就撤销了……

蔡：1955年撤销的！

戴：与华北武术队的加入有关系吗？

蔡：没有关系！

对国家武术队贺老总有两个意见，一是国家队成立干什么？比如说田径乒乓有比赛，你武术队没有比赛！因此，武术成立国家队的作用不大，这恐怕是主要原因；况且你国家队有的还是红领巾呢❶，正在读书啦，成立国家队影响少年的文化学习。二是贺老总个人看法，他认为你没有真功夫，

❶国家队的“红领巾”队员有华东的邱桂香、华北的赵淑琴、中南的马春喜。

表演怎么看得出真功夫？他要一拳打死牛的！另外……（除贺老总两个意见之外，撤销国家武术队的社会原因是）社会上有些乱。

戴：国家武术队虽然成立时间不长，但它为后面体工队系统（国家队甚至省队）积累了经验、储备了人才……

蔡：不是，没有关系！国家队与后来的省体工队没有关系。那是与一届全运会有关系，为了迎接第1届全运会，各地纷纷成立体工队。

戴：当时武术基本训练这一套东西还没有形成[1]？

蔡：还没有形成，都是各人的。比如，上海1958年成立武术集训队，运动员都是各门各派来的，教练员也是各门各派的。王小龙是打查拳的，许文忠、我和傅钟文是练太极的，我们分组的。这是1958年……后来，一届全运会以后，过了几年下来，老教练员没有了、退役了，后来的教练员大多是运动员出身，这些运动员经过每年多次比赛，一看一弄，你吸收我的、我吸收你的，在动作内容、动作规范、训练方法上逐渐形成了越来越多的共同点。再后来，这些教练

---

[1] 蔡龙云先生的《武术运动基本训练》（上海文化出版社1958年、1963年版，上海教育出版社1979年版）构建了现代武术身体训练的新系统。李小龙不仅在《基本中国拳法》中吸收了蔡著的部分内容，而且在《龙争虎斗》影片中将蔡习练华拳的“击步三不落地”改造成“击步三不落地旋风脚”（参见李健吾、鲁云：李小龙与中国传统武术渊源，《武林》2002年第11期，第10页）。

员要么是体院毕业的，要么是运动员出身，也没有命令喊统一，他就统一了。

（三）1956年秋，举行十二单位武术表演大会

戴：贺老总对武术的认识对武术发展产生了什么影响？

蔡：中央不是根据你个人意见。1955年，中央又讨论这个问题，认为武术要提倡。这样，1956年、1957年武术又恢复了，当时是借用十二单位的射箭和武术比赛名义。但是，那时还没有说要成立武术队，体工队都是地方上自己搞起来的。

戴：贺老总对十二单位武术表演大会有什么具体指示？

蔡：在以十二单位武术表演大会推动武术发展时，贺老总提出，搞武术的要有胡子的！贺老总一是喜欢年龄老的，年龄越大越有功夫；二是喜欢真功夫。因此，十二单位武术表演大会请了四十几人，基本是白胡子。湖南的向恺然，福建的万籁声，有的老人在搀扶下出席了座谈会，如陈式太极拳的陈发科。上海共去了十个人，我与佟忠文、王子平、徐致一、傅钟文、田造林、顾留馨、徐哲东、杨基峨、王怀琪（中学体育教师，搞武术的）。会上，贺老总还向大家介绍了他有真功夫的祖父，一拳将冬瓜打个洞，瓜不碎。

我本来报名参加运动员的，国家体委给我来函，打印的不是私人的，来函说："你不要参加运动员，你这一次我们要请你当评判员，因为我们要举行座谈会。"座谈会后武术又慢慢起来了。

戴：在十二单位武术表演大会之后，国家确立了什么样的武术发展策略？

蔡：在十二单位武术表演大会后武术慢慢起来，其实还没有开这个会之前已有动作。我们（国家）队散了，国家体委的武术干部也散了，毛伯浩已经被分配到中央体育学院总务处，我也回上海了，李天骥刚要走，回他的哈工大，体委领导说："不行，留下，要发展武术了，搞简化太极拳。"

接下来，武术怎么发展呢？国家体委确定了"普及与提高相结合"的原则。1957 年、1958 年开始搞初级剑……什么啦……这些东西。

（四）1956 年创编简化太极拳，1957 年创编三级五类套路

戴：有资料反映，简化太极拳的创编经过两次，第一次创编成了各式太极拳的杂烩，贺老总不满意，指示武术处搞一个群众的简化套路，第二次请李天骥出来……

蔡：没有，不是，错了！1955 年国家队解散，李天骥准备回哈工大，票都买好了，又留下来了。领导也对毛伯浩说："你也不到北体去了。"他们俩第一个搞的就是简化太极拳，主要是李天骥搞的；根据是杨式，他（李天骥）不会陈式只会杨式，简化太极拳的创编没有混杂两式三式之说，简化太极拳是李天骥搞的！他搞出来以后，我们很多人去了，提提意见，基本按照他那个。简化太极拳的照片就是李天骥的，那时不突出个人，拳照是画出来的。后来，我们搞了一个简化太极剑，没有推行，那是我们大家搞的。

戴：你们当时搞了三级五类套路[1]，它的动作来源何处，又是如何组合成新的套路？

蔡：1957、1958 年开始搞初级剑……这些东西。我们是从长拳中吸取素材，是大家出的，也以大家议论的方式将动作组合成套，第一段中这个动作应该放在这里、那个动作应放在那里，都是集体讨论的结果。

戴：当三级五类套路编出来以后，通过哪些途径进行推广？如举办学习班，学习班的教员是谁？

蔡：对，有学习班！那时我年轻，我在大雪天教他们啦。

（五）1959 年，创编第一部武术竞赛规则

戴：你们是在什么背景下创编武术竞赛规则的？

蔡：随着第 1 届全运会[2]，武术要列入全运会，那你要搞规则啦。这个规则的制定还有一个情况，1956 年、1957 年举办了一些表演赛，当时高校教师提出，我们不是高校

[1] 三级五类套路是新中国成立后参照苏联运动员等级制度、根据传统武术创编的武术新系统，它有“健将、一级、二级、三级”四个等级，每一等级包括“拳、刀、枪、剑、棍”五类套路。后因文革未能推行武术运动员等级制度，而以“初级、乙级、甲级”三个等级，“拳、刀、枪、剑、棍”五类套路（合称“三级五类套路”）流传，三级五类套路对新中国武术运动的普及和提高发挥了重要的推动作用。

[2] “全运会”全称是中华人民共和国全国运动会，是中国国内水平最高、规模最大的综合性运动会。新中国第 1 届全运会于 1959 年 9 月 13 日至 10 月 3 日在北京举行。

的，他们说："男的与女的比赛合理吧？八九十岁的老头与小孩比赛合理吧？有的套路七八十动作，有的比如说一百多少动，有的传统套路才三十几个动作，合理吧？你八九十动作打起来当然气喘，你二三十动作当然气不喘，气喘扣分不合理。"这是高校老师提出的"武术到底怎样比赛"（问题），民间武术谁提啦？比如说，成都体院打绵拳的蓝素贞，她就提出"男女一起比合理吗"的问题。

戴：你们是如何创编武术竞赛规则的？

蔡：王子章和我是固定。从 1957 年开始，经常来往的还有张文广、温敬铭、王菊蓉。怎么搞规则，大家都不知道，他们几个老的喊我动动脑筋。我说："我又不是搞体育的！"（但是）为了搞武术规则，我看了球类、体操、田径规则，像"竞赛委员会"啦这些都没有什么可以变化的，照用。看下来有几个问题要确定的，一是数量要基本相等，二是时间要基本相等，三是内容要基本相等。

那么，动作数量、动作时间怎样定呢？有的传统套路二三十个动作，有的套路八九十个动作，我考虑要基本一致。（对此）我根据比较流行的四路查拳，在练查拳的人当中有的只会四路查拳；并且，不是我练的查拳，是常振芳练的查拳，常振芳是查拳中比较公认的；四路查拳统计下来大概有五十一二个动作，我们就略微提高一点，55 个动作！数量就这么来的！那么你讲，有的传统套路二三十个动作怎么办？那对不起你了，你要增加动作，否则数量不相等吗！你说，我原来的拳八十个动作，我不愿意减掉。那可以！55 以上不是我强迫的，是你愿意，55 以下不行。这是数量，数量是根据四路查拳确定的。接着，由常振芳和我反复练习四路查拳，统计各自完成整套的时间，再考虑到增加 2~3 个动作所需时间，最后作出了“不得超过 2 分钟”的规定。

在内容上，我们规定了平衡动作不少于 3 种、跳跃动作不少于 5 组、腿法不少于 5 组，包括 3 种手型 5 种步型。为什么这样提？如果内容不相等这比赛还没办法公平。比如，四路查拳就没有旋风脚，内容不充实吧！那么，你根据我的规则加一个旋风脚，对你的风格也无所损害。你打拳说你光会飞脚、摆莲腿、转身骗马腿，打个旋风脚就不行了？不可能的！这是内容，一般套路可能要增加一二个，有的可能原来就比这一规定多。

在解决数量、时间、内容基本相等之后还有一个问题，是动作的规格化，这是武术竞赛规则的重点。你说你这个拳是这样的，我说我那个拳是那样的，竞赛时怎么打分？为了统一动作规格，我们以长拳为准则规定了弓、马、仆、虚、歇等动作规格，长拳包括查、华、炮、红，八字步的马步要扣分的。因为包括动作规格，所以 1959 年第一本规则很厚[1]，有人有意见，说太厚。我说，如果把动作规格拿掉就会很薄，原来我就提过，动作规格不要放在规则里，可以出

[1] 1959 年 7 月版的《武术规则》有 215 页，1960 年 7 月版的《武术竞赛规则》有 226 页；1959 年规则《各项动作的组别及基本要求》的规定有 132 页（从第 83 页–第 215 页），1960 年规则《各项动作的组别及基本要求》的规定有 139 页（从第 87 页–第 226 页）。

两本；但是，有人赞成放在规则里，方便学习，一目了然“什么是对的、什么不对”。

当时，还有一个讨论的问题是跌、扑、滚、翻动作，要不要？你说不要，人家有的拳有呀！对此，我们的规则是，跌、扑、滚、翻动作可以要也可以不要。那么，加分不加分？不加分！但是，你有，我就按照跌、扑、滚、翻的动作标准要求你，不符合标准要扣分。那你说不要，不要你就拿掉！所以，那时我们不讲难度，跌、扑、滚、翻动作可以有也可以没有，但是平衡、跳跃、腿法、手型、步型，基本的不能少。

最后是难度动作问题。当时他们提出要有难度，我反对！我说：“什么是难度？人家体操有难度，你武术有什么难度？哪个是难哪个不难？翻个跟斗就难？站个马步就容易了？”我说：“这个（难度）不要了。”

那时间、规格、内容就这么出来的，所谓内容就是平衡、跳跃，一般动作在数量上基本相等，这样，运动员就可以在大致相等的动作数量、一致的时间内进行比赛，并按照动作规格质量区分水平的高低。

戴：如何确定遗忘和漏做？

蔡：比赛前运动员要填表[1]，傅钟文曾扣了一个上海运

---

[1] 1959 年规则附件二有《武术竞赛套路登记表》有“动作顺序、动作名称、动作类别、动作组别、漏做动作”等栏目。1960 年规则附件二为《武术自选套路登记表》，栏目内容同上。

动员太极拳的漏做动作，这位运动员在填表时写上了揽雀尾动作，比赛时没有做。

戴：在“套路速度的规定”中，1959年、1960年规则规定“不得超过”（如长拳不得超过2分钟），1973年规则是“1分20秒钟到2分钟”，1979年则规定“不少于1分20秒钟”。也就是说，1959年从上限规定，担心运动员不快；1979年从下限规定，担心运动员太快。

蔡：是的，开始怕他慢，慢了没有运动量，达不到锻炼效果，也没有演练效果。后来，怕他快，运动员都一快到底，稀里哗啦下来，没有了动作标准。例如，对后来运动员的“快”，毛伯浩处长曾提出，现在一快到底，没有动静。所以，我们又根据运动员演练时间的总体情况确定了1分20秒钟的下限。

戴：跳跃翻腾动作作为一类动作内容，规则是如何界定腾空的？

蔡：在研制跳跃腾空时，温（敬铭）先生提出，“腾空不行，太难”！我说：“这个不难！”他说：“哪有人像你练？”我说：“我过去也不腾空，练传统武术二起脚是不腾空的，腾空是错的；但是作为运动，腾空比较漂亮，对身体素质的要求也高，不能完全从技击角度出发。”我还说：“不相信你看，一二年都能腾空。”

还有一个是侧空翻，我说侧空翻不是不传统，邵善康醉拳就有侧空翻，跟斗多啦，不是我们吸收体操了。我说：“侧空翻也不难。”

到后来凡是跳跃动作都是两脚离地完成。“两脚离地”

完成怎么评，他们说："这难啦！"我说："你一听就知道了，他起跳起来、空中击响，响了再落地，那就腾空了。"

戴：自从腾空起来以后，下面带来很漂亮的景象。比如说，先是空中击响，然后是扣脚落地……

蔡：这个单脚落地，我是反对的，我不大赞成。这是后来运动员做的，表示难！我没有强调难度的原因是，上海队运动员丁金友练习单脚落地时骨折了。单脚落地很危险，也没有必要。现在都单脚落地，我们开始时没有这个。

戴：当运动员都跳起来后，规则又是如何规定助跑步数的？

蔡：后来出现了"跑"，跑动太多，我们就规定了"三步"。那么，这三步助跑哪里来的？不是根据我的华拳，而是根据篮球的三步上篮确定的。不是我想四步就四步、想三步就三步，都是有根据的。

戴：武术竞赛的"长、太、南"类别是怎么定的？

蔡：原来只有长拳、太极拳，没有南拳。后来李天骥对我还有意见呢，他们北方人不大赞成南拳，解放前比赛也没南拳。他说："你弄了南拳，现在都打南拳了。"当时提出的先弄（暂定）长拳、太极拳，其他行意、八卦以后再弄，弄不了啊！我说："南拳海外面广，你不能没有南拳。"制定南拳规则时，我和王子章、毛伯浩到广东去，喊他们（广东练南拳的）弄。那几个老先生弄来弄去，弄了两个礼拜，还没有弄出来。我说："得了吧，还是我来弄吧！"我懂一点南拳，南拳动作规格由他们定，竞赛内容啦，根据长拳这一套把它弄出来……好像第1届全运会还没有南拳比赛[1]，要到博物馆看秩序册，我忘了。所以，最老的广东老头们，现在去世了，前几年到广东去，他们还说："我们南拳就是你蔡先生提的，没有你蔡先生现在比赛就没有南拳。"

那么，其他的拳没有怎样办呢？就是"其他类"了，就是在"长、太、南"之外的表演项目。开始的运动员有竞赛的也有评奖的，两项都要参加的。没有把传统丢掉，其实我们搞的都是传统，就是竞赛的也是传统，谁把传统丢掉了？在长拳比赛中，李福妹打的是华拳，邵善康打的是……（戴：醉拳！蔡：醉拳属于其他类了）是（五路）关东拳，都是传统的。

戴：从第一部规则开始就鼓励运动员创新，竞技武术对创新动作还是激励的。

蔡：是的，鼓励创新！但是要武术动作。

戴：不是武术动作，可能要等到下届列入限制性动作。

蔡：只要说得过去，或在理论上说得过去，我们就肯定运动员的创新。比如说，安徽陈道云的剑有一个动作，它是舞蹈中来的，咱们也不说假话，那是大跨步空中刺剑，是《红色娘子军》的跨步刺枪动作。我们那时候讨论都不顽固，很随和。我说："你要这样想，它很有技击动作。"（有人

[1] 1959年、1960年的武术规则都有南拳，新中国的武术竞赛从一开始就将南拳作为竞赛内容之一。

问：）“什么技击动作？”（我说：）“你看，她追击敌人，前面有一条沟，她不得跳过去吗？”哈哈……这个不能否定！大跨步，有沟，你跳不跳！哈哈……我说，“有的也要打破传统，只要是刺剑就对了，如果不是刺剑就不行”。总之，对运动员的创新动作，我们看如果在武术上说得过去的我们就承认，说不过去的我们就说你是非武术动作，列入限制性动作。

戴：在1959年、1960年规则编制出来后，竞赛场上的效果怎样？

蔡：一届全运会下来，感觉不错，基本解决了前面的问题，那时的问题就这么一些。后来出现一些非武术动作，比如抱着腿用背转啦。我们的规则也经常修改，我《文集》谈过，那一年竞赛我们限制了一些动作，非武术动作不可以出现。现在，他说这不是武术动作，其实你可以修改规则，限制他，不就完了吗！我们那时候是逐年修改规则，比如说乌龙绞柱是传统的，但只能出现一两次，不能多。我在文章上说了，这限制人家地躺拳了，那时地躺拳还属于长拳[1]。

太极拳、刀枪剑棍完全根据长拳规则的类型规定，长拳是我弄的。不过，那时好弄，现在不好弄。比如说，常先生查拳的出拳是那样的（屈腕），不是这样的（拳平）；我们讨

---

[1] 1986年全国武术比赛限制了劈叉腿法等动作次数，限做“跪滑、滑胸、滑团身背转、腾空蹬腿仰身平摔”等动作。参见蔡龙云．琴剑楼武术文集［M］．北京：人民体育出版社，2007：230-235.

论下来必须这样（拳平），他同意，没有说“不行，我的查拳非得那样”。再如，常先生打跃弓步冲拳是这样的（后脚移动），现在还有人这样打，我说：“这个不行，你的劲散了，而且目标也不对呀。”人家老先生说：“可以！”现在的人行吗？

（六）其他

1. 统一武术术语

戴：当时有人提出“名词术语不统一、不通俗”，比如“仆步穿掌”传统武术用“燕子抄水”，人家看不懂。所以，新中国成立后你们对武术的动作名称进行了统一。

蔡：那个有，那个书现在弄不到了，以前有一本《武术基本动作术语》，对上步、进步、退步、开步、跨步、冲拳、推掌等武术术语都作了统一性规定……这也是我们那时候弄的。

2. 裁判员与教练员运动员的交流

戴：您曾跟我们讲过，以前比赛结束后都有裁判员与教练员运动员的交流。

蔡：那时裁判员与运动员都是住在一块的，比赛以前裁判员常看运动员训练，虽然没有规定说你必须去，但我们那时一般都去各队走走，那时我们也与各队教练员熟悉。我去看了说：“你这个动作不行，比赛时会出问题的。”

比赛开始前要召开大会，那是教练员运动员全体参加的，后来变成了联席会议，只开教练员会议，但是教练员回去不跟运动员讲，他们怎么训练啊？过去不是联席会议，过去是全体教练员运动员大会。总裁判长要讲：你怎么进场、怎么退场、怎么放东西等。

比赛结束以后，在全体人员参加的大会上，总裁判长要评讲，评点这次比赛哪些动作不规格、不规范，应该怎么做。比如虚步……过去有的虚步是这样（虚腿扣膝侧对前方），要讲明这样不对，解释不对的原因：敌人在前面，你这样（虚腿侧对前方，要先转正才能前进，不利于上步），总归是那样（虚腿正对前方，可以直接上步）；击剑不是那样吗，哪有击剑是这样的（虚腿侧对前方）。像这些我们都要讲的。

戴：先讲然后比赛？

蔡：对，你光跟教练员讲，教练员回去不讲，运动员也不晓得；结束以后是评讲。后来没有了。

戴：当时是您讲，有没有人“挑战”？比如说，有没有人站起来说：“蔡先生你说的不对，我们拳种就这样！”

蔡：有！也有的老教练员不大服气的，那我们就根据规则来讲。除了刚才的虚步……我们要讲的，也要讲弹腿的动作规范。（弹）腿出去，啪！要这样（崩平），不能那样（抖动）。当时，我在上面讲，底下有人不服说：“你做做看！”我那时候能做。所以，我讲：你 80 年代以后的事不要找我，80 年代前的事你找我，我负责，那是我与张文广、温敬铭、王子章联合弄的。

3.“三个半”与“四大金刚”

戴：蔡先生，我来上体读博士时听说，文革前后武术界流传“三个诸葛亮不抵一个臭皮匠”之说。

蔡：不是，是“三个半”！“三个半”是温先生提出的，张文广、温敬铭、郑怀贤是“三个”，“半个”是蔡龙云。

戴：什么意思呢？是三个人不抵你半个？

蔡：不是，我只能算半个！

后来变了。在武汉体院硕士论文答辩，通过温力的论文，我是评委主席。吃饭时，他们院长说：“蔡先生，我们知道，你是三个半的啊！”温先生讲了：“喔喔，不对，他一个人就是‘三个半’。”那算是对我蛮客气的，他们从事武术工作多少年啦，我是解放以后才逐渐以武术为业的[1]。

戴：在他们看来，他们是科班出身啊。

蔡：对，“三个半”，承认我“半个”已不错了！后来，郑怀贤讲，习云泰现在还记得住记不住了？是习云泰跟我讲的，他说：“了不得啊！”我说：“什么了不得？”他说：“顾留馨到成都去，在吃饭的时候郑怀贤讲：现在的武术界是四大金刚……四霸天，还不是四大金刚，是四霸天。东方蔡龙云，北方张文广，西面郑怀贤，南面是温敬铭。”习云泰就讲：“还有人家顾先生呢！”郑怀贤讲：“顾先生不算的。”

戴：在当时中国武术界的专家群中，你是怎么取得他们认可的？不管怎么说，当大家意见与你不一致时，他们三个人可能保持一致，“我们国术馆就是这样的”。

[1] 1952-1960 年间，蔡龙云先生从事职工业余文化教育工作，先后在静安区第五十二、七十二职工业余学校、长宁区第十五职工业余学校担任副校长和校长之职；1960 年以后调到上海体育学院。

蔡：不像现在这种反对，人家那是开会争论，没有什么背后的怎么样（小动作），没有的！没有背后骂我，大家关系都很好，都是问题争论，争论吗！我和温先生争论的比较多，他有一点好像传统怎么啦，真武术假武术啦。我就问他，你那个……他是练绵拳的，老绵拳，不是蓝素贞练的绵拳，我说，你的绵拳有个特别的动作“锦鸡抖翎”，全身一抖，我问你在技击上怎么用法？（戴：人家抱着你的时候你全身抖一抖）没有，他没讲，他很恼火的啊。后来一个人在房间里生闷气，我去叫他，我说：“温老师！”他说：“别叫我老师！”争论，哎……所以，我不是凭我个人，我凭实践的，所以你说传统的都讲技击？不一定！传统套路当中，而且你绵拳当中最突出的动作也没有用，怎么就说传统的都有用啊？每个动作都有用啊？

他们三个人把兄弟，以前还有个复旦大学的李锡恩，是搞摔跤的。1953 年他出来了，一届全运会没出来，二届他出来了，然后就不出来了。有一次，已经很早了，大约在文革以前，复旦大学喊我去讲课，我说：你们那里李先生就是专家！大家都不知道，他已改搞游泳了。

戴：您当时提出武术击与舞的时候[1]，他们三个人都没有反对意见？

---

[1]蔡龙云先生在《新体育》（1957 年第 2 期）发表的《我对武术的看法》，归纳了武术历史发展“击”和“舞”的两个方向，引发了全国范围的武术大讨论与广大体育工作者的关注。

蔡：没有，他们都同意我的意见。反对我的都不是练武术的，在他们看来，一个你没提武术是体育；第二个呢，说我强调了技击，不是说我反对技击，那时不是说反对纯技击论（戴：唯技击论），哦，唯技击论！我说，武术这个东西它本身就是体育，你还非得说……比如篮球，还非得加上“篮球是体育运动之一”这一句啊？没提体育，就是唯技击论？

写那篇文章的时候，他也没有说那是一个讨论的文章，他是说你写篇文章。我写东西，不是说专门从武术角度，想活泼一点，所以引用了小说。结果他发表的时候说是讨论，我说：“要叫讨论我就不这样写了！”

4. 挖掘整理和段位制工作

戴：您是 80 年代挖掘整理的副组长，您认为，传统武术 129 个拳种形成的原因、未来的发展可能会是什么样子？

蔡：那时没有考虑这些问题，这是国家体委武术处赵双进想出来的、打的报告。赵双进认为，武术要挖掘呀，因为有些老头已经年龄大了……要抢救，进行挖掘实际就是了解，接下来的第二步就应该是整理，整理应该由武术研究院承担。但是，当时的武术研究院并没定位在研究之上，我们想与科委挂钩展开研究的设想也未能付诸行动。你研究必须有几个笔杆子，有几个能练的。我调了几个运动健将，像徐向东啦，他们几人都是我调进来的；但是像邱丕相、温力、习云泰这样的笔杆子没调成。

戴：与三级五类套路相比，段位制套路创造力不够……

蔡：后来我一直讲了嘛，你 80 年代编个什么套路都从体院请人，我说你们那里没有人？段位制还要请我们去，你们那里几个运动健将不能编？他们武打片都能设计，编套路他不会吗？

另外，你看，他们去了一周、几天，就弄出来了！我们打那个四路查拳，一练就好几天，光那个时间，卡那个秒表，卡了一遍又一遍。今天也许是身体不好呢、情绪不佳呢可能慢了呢，要是高兴呢可能快了呢，通过几天的演练这才确定了不超过 2 分钟或不少于 1 分 20 秒钟的时间规定。

戴：挖掘整理摸清家底也是贺老总提出来的，文革前他提出整理继承问题……

蔡：不是，贺老总没有提，他就是要真功夫。真功夫这个事，解放前以唐豪为主，他们认为所有的套路都是花拳绣腿，主张短兵长兵摔跤搏击，提倡这个，这是真功夫。

5. 套路的文化之谜

戴：中央国术馆也没完全把套路丢掉呀！

蔡：它不是没有完全，而是不肯（丢掉套路）。

这就是一个问题，你在那时候认为不行，但它为什么存在？不要套路的花拳绣腿，但是为什么弄不掉？它的生命力到底在什么地方？田镇峰摔跤摔不过人家，后来要革命，所谓革命就是讲打。那为什么套路你革命不了？那为什么李文贞的拳与剑就好呢？有人说戚继光就反对，但是从那个时候就反对、反对到解放前、反对到现在，怎么没有反对掉？

戴：如果当年武术研究院要是搞下去，您可能会在这一问题上得出像“四击八法”这样的理论成果！

蔡：我现在没有能力了，也不想动了，但我就想搞明白套路的生命力到底在什么地方？不讲技击，就是撇开技击，它的生命力还有什么？……为什么内容那么丰富，它到底怎么来的？

戴：如果从技击说，它的许多形式都是无效的……

蔡：不是无效怎么会产生了这个套路呢！其他国家也有武术、有击剑，但它为什么没有这个剑、那个剑的套路？你说，这是我们中国民族的一种文化，那它怎么文化了、怎么会出现这个（套路）？我对这个还弄不清楚。比如说，唐朝的三绝之一❶，裴旻是将军，打仗的，但是他打仗没有名！唐朝的名将中有裴旻吗？没有！秦叔宝是将军，打仗的，但没有说他舞剑好！说明舞剑里面有着什么特殊的因素。不然，为什么说裴旻的剑是三绝之一，没有说秦叔宝的双锏呢？

戴：您的武术击和舞，就抓住了武术的本质问题。武术，如果完全从技击的角度解释不了武术的全部，如果完全是为了打也不可能打出这么多花样来。

蔡：打吗，一打就是一拳一脚！老实讲也很简单，拿太极拳和长拳比较，我们可以从动作方式上分辨出你那个是太极我们这个是长拳；打的时候也应该从不同的动作方式上区分，不然你就不是太极。

对这个问题，我原来要组织人研究的，专门研究套路，它怎么起源，到底里面有一些什么东西；技击动作加技击动

❶李白的诗、张旭的草书、裴旻的剑舞。

作不等于套路，有没有修饰的东西在里面。但是，我们练武术的人不肯弄这个，怕把武术套路提高到艺术的角度。其实，你不用怕，你把它弄通了，这才是我们武术的技击艺术，你这个价值更高！

戴：您从剑的体式看到了套路的演练，与传统的演练相比，现代武术的演练都有行剑的倾向，都跑起来了……

蔡：我们对套路研究不够，什么叫古代诗，什么叫现代诗？它怎么就不能称之为古代五言，你要把武术这些东西弄清楚，离开这个就不能称之为套路。我想，里头肯定有东西，比如说八卦掌的蹚泥步，喝喝……我现在不愿发表文章争论了，比如说，蹚泥步有什么用，你给我用用看。

戴：就是一个迈步的方式！

蔡：但是它蹚泥步要像蹚泥一样，一定要这样走呀！

戴：虽然，降低了动作速度，但它试图以脚掌与地面增大的接触面，增加平衡性……

蔡：他没有速度呀，你打人就随便走好了，像这些东西能够把它剖解了，别人剖还不行，人家八卦掌还不承认你……

戴：它是对身体的系统的规范，除了平衡性考虑之外，它还通过磨胫，试图提高迈步的浑元力。

蔡：到底是什么，要把它研究出来。你本帮菜的八宝辣酱作料到底怎样放、火候怎样掌握？80 年代以后的套路，你说他丢掉了传统，我问：“传统的拳术有没有丢掉传统？”我在香港论坛就讲过一次，几个台湾人讲现代武术丢了传统。我就讲：“你练那个也丢掉了传统，你那个架子没有丢掉，但是传统的魂你丢掉了。”你太极拳不按照它的传统的练法，就等于我们到饭店里头吃饭一样，上海的本帮菜，不是那个烧法，这就叫丢掉传统；你要讲没有丢掉呀（戴：我还是那个料），我还是花生米、肉丁呀，但烧法不对（戴：味道也不对）。那么，那个传统叫什么？

戴：这个问题可能是我要花若干年持续思考的问题，在博士后出站报告时我进行了初步思考。平江不肖生在《侠义英雄传》写道，有一人看到鹰与蛇斗，一下子悟出了八个动作，然后又花了若干年提炼出八个字诀，创了八字门。可见，武术拳种的诞生，不是说有动作，对动作有了新的体验，还必须理论化到字诀的形成。比如说，用顶头悬、含胸拔背……指导动作的完成，这个才是拳术或拳种的诞生！

蔡：反正裴旻三绝之一我没有弄清楚，那么多将军都会舞剑，项庄还会舞剑！但没有说他是一绝。但是，裴旻是一绝，恐怕不是说他的剑法太多！

戴：或者我们可以这样理解，如果武术从技击的角度、吃饭从营养的角度，我打到人、我把花生米吃下去就行了，但是，中国的烹调、中国的武术，不单单是为了营养，（蔡：吃好！）还要吃好（蔡：要有味！）享受，还要有口感、眼睛视觉的美。甚至我们可以说，如果从营养角度看，打葡萄糖吊针就行了，但是人的味觉得不到满足、视觉得不到满足、心理得不到满足。正是这些不满足促进了套路在技击上做了许许多多文章。

蔡：对！

戴：但是他的母体还是技击，动作来源还是一拳一脚，但是仅仅是一拳一脚太没有意思了；（蔡：还要有美感!）仅仅把花生米吃下去太没劲了，还要加点咸的炒一炒等等；这样，烹调就出来了，套路就出来的。总的原则应该这样的。

蔡：应该是这样的!

二、XRK 访谈录

口述者：XRK[1]（以下简称 X）

访谈者：晁改英（以下简称晁）

时　间：2010 年 4 月 19 日 8:20—9:00

　　　　2010 年 4 月 23 日 8:20—9:00

地　点：上海市杨浦区世界路世和园小区

（一）为康复选择太极拳锻炼

晁：请您介绍一下学习太极拳的经历?

X：我是从 1968 年开始练太极拳。68 年前在上海市公安局搞调查研究工作，颈椎有毛病，用脑子多，老是头疼，

[1] XRK：男，（1942—），退休工人，因为年轻时患有神经性头疼、青光眼，为康复而于 1968 年练习太极拳，并坚持到退休。退休后，于 1991 年建立上海市杨浦区太极拳辅导站，1996 年成为社会体育指导员，致力太极拳群体工作 15 年。

许多事情都做过不了。（到地方工作后）检查（还有）青光眼，是青光眼引发的神经性头疼。

后来听人家说太极拳（锻炼）有用处，就到杨浦公园学杨式太极拳，白天上班，晚上学（太极拳），（我）花了很多工夫。太极拳要放松，可调节神经系统，就像换了个环境一样，（人一下子）从紧张到舒缓，松了以后就有效果了。

有了效果就有兴趣了，有了兴趣就钻研了。那时我不仅手抄有关太极拳资料，经常看手抄本领会太极拳动作要领，而且还参加过文化宫的太极拳培训班。

晁：您认为怎样才能学好拳？

X：练拳，一个是要有时间，一个是心要静，一个呢是个人爱好。没爱好、无时间、心不定，都无法练好太极拳。

（二）成为太极拳指导员

晁：您什么时候成为太极拳指导员？

X：在一些跟我一起打（太极拳）的人一个又一个恢复健康后，为了普及太极拳，用太极拳改善更多人的健康，1991 年建立杨浦辅导站，1996 年考了社会体育指导员证书。后来，我与陈式太极拳协会的一名教练员练习，2005 年考了陈式太极拳教练员证。建站后，因经常参加上海市武术协会比赛活动，市里有什么消息就传到我们这里。当时曾得到市里要举办辅导员培训的消息，我就抓住了这个机会报名参加了上海市武术协会辅导员培训班，它要求最少 5 年以上太极拳锻炼经历。

到了市武协培训就更进一步了，老师都是上海武术院的，是一些参加过全国比赛的冠军老师教我们，也有一些老拳师来教，各式太极拳都教了，不仅讲技术、技巧还讲理论。

晁：到市武协培训提高了辅导能力？

X：对！比以前规范了，以前练的太极拳不一定很讲究，主要是健身。现在是辅导员了，你就要按照国家标准教。

晁：退休以后有了足够时间练拳？

X：是，一边带辅导站其他学员，辅导提高学员水平啊，一边自己也要练，一起提高了。

（三）辅导站管理

晁：您的辅导站有哪些管理人员？

X：成立一个辅导站，（应有）站长啊、副站长啊，还有老师，这是基础。老师还应有能教陈式的、杨式的，有能教少林的、器械的。

晁：作为站长您的职责是什么、您教什么？

X：我主要负责辅导站的发展战略，我是站长嘛。偶尔也会教教，更多是组织我们辅导站老师共同研究，相互切磋啊，鼓励学员与学员当中交流。

教学中，要求先照葫芦画瓢，学会动作框架，知道动作怎么做。然后再一点一点的提高，了解小动作啊，大动作啊，内部动作啊，分解动作啊。最后，每年我们都要去参加一次比赛活动，通过比赛提高大家的积极性，实际上也是交流啊。

为了上次交流会，我们整整练了 3 个月，练成这个样子已经很不错了！不仅能够打下来，跟得上音乐，而且你看那个“迈步如猫行”啊，重心平衡啊，大部分都能够掌握了。

晁：您的辅导站学员是否都是中老年人？

X：从 5 岁到 80 岁都有，主要是中老年。

5 岁那是在幼儿园，教的是基本功，压腿，踢腿啊，五步拳。

80 岁的那个老爷爷，是 79 岁时来的，他看我们打拳后要学陈式……因他以前爱好体操，有一定体育基础，再加上他很耐心很专心，像蚂蚁啃骨头一样慢慢地啃，从 2001 年底来到 2003 年，练习了两三年，开始参加两个比赛，一个是上海陈式太极拳协会成立二十周年的比赛，一个是上海市精武体育总会（组织的比赛）。第一个参加比赛获得了三等奖，是陈式太极刀，第二个比赛是精武体育总会的，是陈式太极拳剑，获得老年组第三名。

晁：您的辅导站如何面对学员锻炼太极拳的不同要求？

X：太极拳（锻炼者）呢，基本上分三大类。一个是实战类，讲究每个动作的攻防技术；另一个呢就是健身，哎，我打得怎么舒服就怎么打，身体好就行了，也追求动作用法；最后一种就是表演，要给人家欣赏，自己也要快乐。

（因为）每个人追求方向不一样。（所以）追求实战的要多讲节奏、要求、含义，健康的要指导其适合自己，表演的要加强规范、大方、韵味的教学。

三、YJS 访谈录

口述者：YJS[1]（以下简称为 Y）

访谈者：晁改英（以下简称为“晁”）

时　间：2010 年 8 月 27 日 8:00—8:20

地　点：山东省菏泽市环城公园

（一）为体验内家拳而改学太极拳

晁：您为什么由八卦掌改学太极拳？

Y：我从 1985 年五一节开始接触太极拳，之前我是练八卦掌的。我在《武林》刊物上看到太极拳和八卦掌具有相同的要求，（如）松肩垂肘啦，含胸拔背啊，但当时我没有这个感觉，那我就想从太极拳上找，当时很想练陈式太极拳。

晁：您找谁学习太极拳的？

Y：一个朋友给我介绍了菏泽教育学院何淑干，说这个何老师是正宗的传统陈式太极拳，是洪均生[2]的弟子，家在

---

[1] YJS：男，（1952—），洪传陈式太极拳拳师，在菏泽小有名气。年轻时学习八卦掌、形意拳等，为体会内家拳意境又习陈式太极拳，并不断拜访老师，苦练二十几年而具一定造诣。

[2] 洪均生（1907—1996 年），太极拳名家，少年因体弱多病，后随陈发科拳师学习陈式太极拳，形成“洪式太极拳”。其几十年如一日，积极传播太极，弟子及再传弟子遍及世界各地，并著有《陈式太极实用拳法》《陈式太极拳》《十三势心解》《太极拳式名考释》及诸多论文，编有三路剑法、一路游龙、二路翔风、三路飞虎。

济南，住在电子厂家属院。

1985年春节，我就去找他，过了年（也）就是86年俺几个开始跟着何老师学了。当时有十几个人（跟着学），十几个人当中我是学的最晚的一个，他们比我早二三年吧。说实在的他们没我刻苦，他们很多人到现在都不练了。

（二）太极拳学习之路

晁：请您谈谈陈式太极拳学习。

Y：何老师不是专业搞武术的，他五几年北大毕业后是咱菏泽教育学院中文系主任，是个文化人，太极拳理论很熟。他练拳是为了稍微锻炼锻炼身体，并不像我这么迷这个拳。另外，他当时是咱菏泽的民盟主席，整天出去开会，这啦，那啦的，很多事，找何老师学拳很难。

跟他学了有一年多吧，他一看俺这十几个人热情很高，刚开始学的时候是热情很高，三分热度，何老师一看咱这么热（太极拳）就说，“既然你们都很热，我把济南的那几个师兄弟介绍给你们吧”。他们都是洪老先生的弟子，分别是济南的韩保利老师、孟宪德老师、徐规程老师，还有泰安的张智成老师。我记得那一年是五一节左右，牡丹花开的时候，他们来看牡丹，顺便就教俺几个，教了几天。其中有一个韩保利老师，他很欣赏我，给我说：“哎呀，小儿，你好好练，能练成了。”那一年我刚三十岁多一点，我的武术基本功好，跌叉做得很好……他就想专门带我（练）。

就那几天的学习，我感到济南的老师和何老师教得有点不一样，我好像更进一步地了解到，咱练得都是画圈，是腰膝肩胯的旋转配合，就练这些东西。有了一些新认识后，我就坚持练、练、练。从那以后呢，每年那个时候几个老师都来。就这样，济南老师教点，再跟何老师学点。

当时我学得很认真，我很迷这个，光想把它学好。有时找何老师好几趟只能见到他一次，有次我去时何老师正好要去开会，他对我说："我十一点的时候回来，你要是想再学点，就等我回来再教你。"我就一直在家等他，等到他下一点（凌晨一点）。

白天我在烟厂上班很忙，没时间学，我都是晚上学，吃完（晚）饭，热天天也长点，休息的晚，我就过去学，反正是这个拳学的是真不容易啊。到冬天啦，何老师就对我说："你真想学啊？"我说："真想学！"他说："你真想学，我就把你带到济南你洪师爷那地方去，还有你师叔们练的都很不错，干脆我把你介绍过去，你跟他们去学吧。"我说："那行啊！"

俺那些人里何老师就只带我一人去的。那一年，洪师爷农历正月初七过寿，就领我去啦。当时我请了3天假，结果在那住了11天，回来后又扣工资，又批评我，嫌我耽误时间了，当时我担任班长。

晁：与师爷见面您学到了什么？

Y：他当时坐在沙发上与我讲了"掤、捋、挤、按、采、挒、肘、靠"这身体八法。他说："你按我吧！"我胳膊还没感觉到用上太大劲的时候，他就把我"唔"得打飞出去两三米远。没想到（太极拳）有这么大技击的效果，咱没见过，那时候头一次接触太极拳（技击功夫），从此以后我兴趣就更大了。

四、MFW访谈录

口述者：MFW[1]（以下简称M）

访谈者：张国良（以下简称张）

时　间：2010年4月16日星期五上午

地　点：上海鲁迅公园

（一）坚持练功十八法锻炼

张：您什么时候开始练练功十八法[2]？

M：我从2005年正式开始练，我爱人2003年过世，我2004年身体就不好了，病了，2005年开始练习练功十八法。练功十八法我是坚持练的，不是断续的。以前工作的时候也打过太极拳，但是没有坚持下去。

张：您生了什么病？

M：我生过好多种的病呢。文化大革命的时候我受到过

[1] MFW：男，（1918—），退休前为上海宝山区一所中学校长、党支部书记。曾患“结肠癌、前列腺癌、关节炎、痛风”多种疾病，在医生的推荐下练习过郭林气功，2005年起坚持练习练功十八法，现身体健康，精神状况很好。

[2] 练功十八法，是一种简便易行而功效较好的锻炼方法，对防治颈、肩、腰、腿病以及某些慢性疾病也具有一定的作用。练功十八法创编于1974年，1975年以来，本疗法在全国各地得到了普遍的推广，并因其方法简便易懂，易学易练，具有一定的医疗作用，传播到日本等国家和地区，至今不衰。

冲击，因为我那时候是校长兼党支部书记，被搞了有10年吧，10年以后身体搞垮了，10年当中九死一生，那些事就不谈了。后来患了肿瘤，1971年吧，还好是良性的，就开了刀。接着是甲状腺开了刀，再以后就是关节炎啊、痛风啊、胆结石啊、胆总管结石啊、还有结肠癌，开刀去掉，那是1992年，开刀以后化疗。后来又患了前列腺癌，那是2001年，也开了刀，然后放疗，还好都没有后遗症。我身上有6大刀。

张：那时候医生有没有推荐您练习气功？

M：在做化疗的时候呢，医生推荐练习郭林气功，那是患结肠癌以后，那是1992年，练习过。

张：练习了郭林气功感觉怎么样，有效果吗？

M：没什么感觉，反正我是好了，没有后遗症。开刀、放疗以后我每次检查PSA都是0，就是专门检查癌细胞的，一直是0，说明我没有后遗症。

张：当时谁教您郭林气功的？

M：是医院里的一个医生教我们这一些人，都是生癌症的人，都是在化疗的时候。练了一段时间，练好了就不练了。现在公园里有练的，我一看就知道是郭林气功，我认为那个医生教得标准，现在公园里的人做的都不标准。这个是郭林气功，可能有点帮助。

张：当时有没有感觉郭林气功给您的帮助？

M：呼、呼、吸，呼、呼、吸，摇摇晃晃的，也没有什么特别的感觉。我这个人比较马虎，好了就好了，我也不放在心上，好了我也不计较，什么都不计较，饮食方面都不注意。退休以后我还工作，到生了结肠癌以后我才不工作了。

张：您现在身体状况如何？

M：现在还有皮肤癌，手术我不做了，现在去放疗，每天都去，这个毛病也是多年了。

张：现在医生没有推荐您练郭林气功吗？

M：没有，现在的医生不大管这个。

张：您从 2005 年开始练练功十八法，一直坚持吗？

M：是的，一直都坚持。9 点到 10 点半，一直练习练功十八法，还有广播操，还有我自己体会的一些，我现在腿脚不好，我着重练腿。你教我的八段锦，我每天都要坚持练，我把这个看成是一个必修课。

张：练功十八法对您的身体健康有帮助吗？

M：我以前就是关节炎，走路疼，一个就是练习练功十八法，一个就是照周林频谱仪，照了以后呢，慢慢就好了，现在关节炎都好了。我就是晚上抽筋，盖多暖的被子也抽筋。医生说缺钙，我现在吃补钙的东西，对膝盖、对脚都好，不吃脚走走就酸了，走不动了，吃了药后就不酸了。

张：当时是谁教您练功十八法的？

M：没人教，我就看书学的。

张：您为什么自学练功十八法？

M：练功十八法做完了以后人比较轻松，不累，虽然出汗，但是走走汗就没有了，不像练习八段锦这么累，练八段锦腿累。每天我至少做练功十八法做半小时到 40 分钟，每天都练，有时候下雨在屋里练，没有出来练好。我每天出来就是练功，不做别的，也不聊天。

（二）饮食、按摩与书法、京戏

张：除了练功十八法您还有哪些养生？

M：我很注意饮食，生活作息有规律。不仅仅练功，各方面我都很注意的。起床以前我按摩，全身按摩，我觉得有帮助的。现在就是经常这儿疼那儿疼，骨头疼，我就按摩，按摩就好了。

张：您说您比较喜欢京戏、书法，是吗？

M：对！京戏我觉得有好处，它因为要喊呢，肺活量要扩大，浑身出汗，唱下来一段大汗淋漓。书法我觉得也有好处，一练书法的时候我觉得心静了，什么都忘记了，一门心思地写字。我还画国画，画出一幅作品来哎呀很开心，有一种成就感，字写得好了也是蛮开心的。

张：练气功的运气、入静啊之类的应该跟书法、京戏等有些东西是相通的吧？

M：书法它也是等于气功了，它也是静下来，什么都不想，这样才能写出比较好的作品。

张：您每天除了练功十八法还有其他的锻炼吗？

M：眼保健操，眼睛因为用眼过度，滴眼药水、按摩，医生让我不要看书，我不看书看什么呢，呵呵，我觉得问题也不大，自己注意一下，少看看电视，病情也没什么发展。

（三）身体现状

张：没有练功前您身体状况不好？

M：是的，我的身体 04 年、05 年最坏。后来练习练功十八法，逐步恢复起来了。腿可以走了，原来腿走不了。我还结合别的，按摩穴位啊，用周林频谱仪烘啊，现在膝关节炎完全没有了。我每天写字，很静的，这个我觉得对身体有帮助，要么画画，画国画，写好了一张、画好了一张，自己感觉很得意，心情舒畅。

张：您认为是什么改善了您的健康状况？

M：主要是练功十八法，我每天早上出来是练与走，练完十八法后再走走。文化大革命受迫害经常腰痛，经常躺下一个礼拜不能动，十天半月就来一次，吃药也没用，只能躺着休息。现在腰不疼了，已经两年以上了，我早上起床以前要按摩腰，练功十八法里面腰的动作也很多，腰好了，关节炎也好了，我感觉主要是练功十八法，练功是有好处的。

以前吃东西吐啊，胃病吗，现在都没有了，当然我很注意什么能吃什么不能吃。以前我手举不起来，抬不起来的，走路腿也抬不起来，所以走一会儿就累了，现在不要紧，我能走一大圈。

以前的膝关节炎没有了，腿原来抬不起来，现在能抬了，原先把腿放在这个地方[1]蛮吃力的，还疼，现在放在这

[1] 公园里的一个台阶，大约有 80 厘米高。

里一点不疼。

五、XGY访谈录

口述者：XGY[1]（以下简称X）
访谈者：周琴（以下简称周）
时　间：2010年8月1日　星期日10：30—11：00
地　点：徐汇区社区活动中心

（一）为了开心

周：您是从哪一年开始练木兰拳的？

X：刚开始我不是练木兰拳的，练了半年多太极拳，后来发现她们的年龄都比较大点，和我的年龄有差距，我就想找相仿的，聊起来兴趣爱好也相近，后来我就退出这个圈子了。

开始是这样的，我是看见人家小花园里有人在听音乐跳舞，我觉得她们很开心。我原来的生活就是上班、下班、上菜场、烧饭，做得时间长了感觉人就像机器人一样的，很枯燥。我觉得，这不是我要的生活。不行！我要改变，我想在24小时生活里再增加点色彩。

看见她们跳舞，就觉得她们活得很开心，我想我也可以

[1] XGY：女，（1956—），练习木兰拳10余年，参加过木兰拳比赛并获奖，系木兰拳忠实拳迷。

改变下我的生活，我就参加她们。跳了一段时间，我看到她们打木兰拳，打得很好的，很适合我这个年龄来打，我就开始找（到）哪个点、（跟）哪个老师（学），最后在外滩看到有老师教，好像是刚起步，就报名参加了。我就一步一步练，练到后来，看到别人打得很漂亮，就很羡慕，愿意把时间花进去，既要打得好，也要锻炼自己的身体，老师一天不在，我都很想念这个老师。

周：到现在您练了多少年了？

X：我是从四十多岁开始，先练跳舞的，后来转到木兰拳，大概从四十五岁开始的，现在已经将近十年了。

周：木兰拳吸引那么多女性去练，您被她什么所吸引？

X：对我来说，第一是喜欢的，又可以和别人交流，还有就是锻炼，练好以后对身体确实有效果，有机会出去精神面貌都会好一点。主要是大家在一起，会互相指出对方的不足啊，有不规范的动作大家就相互纠正。

（二）锻炼效果

周：您从练拳中获得最大的收获是什么啊？

X：一开始也没有感觉到的，我下次带照片给你看，我以前很胖的，没有腰身的，我也不知道能起到这个效果，后来人家跟我说，“你好像变了吗，好像有腰身了”。

周：您是练了多久发现这种变化的？

X：是这样，一开始打的不入门的时候，没有这个变化。后来要求高了，入门了，要用气啊、腰啦什么的，要用到这些部位时，身体开始有变化。如果你只是在这里瞎混混也是没有改变的，我前面几年也是这样的。

周：就是一开始你并没有注意到这些变化，后来外界使您注意到这种变化？

X：我开始就是玩玩，打的开心就行了，没想到会有这个效果，体形的变化是意外的收获。

周：刚开始练拳有没有想过减肥？

X：我没想过利用木兰拳来减肥，我是因为爱好和喜欢，为了增加我生活的快乐。想着去减肥而锻炼是一个负担、压力。噢，今天这个动作好像不是很标准，我现在就是想怎么把这个做标准漂亮，怎么更符合老师的要求，我追求这个，不是追求我脂肪消耗多少，没有想过这个想法。

周：您只是看这个拳漂亮而想去锻炼的，而减肥只是您一个意外收获吧？

X：这是一个意外收获，不是刻意为了减肥去锻炼身体，我是蛮喜欢这个拳的。

周：现在瘦身效果明显，这也是您继续锻炼的动力。

X：是的！我现在体重控制在 110 斤左右，我以前出去买衣服的时候，我说这件衣服多少钱，别人看到我理也不理我。现在我出去买衣服，人家说你身材这么好，这件衣服你穿上一定好看。我以前出去买衣服，人家都不理我，把我当外地人一样。

周：后来您还体验到什么变化？

X：打到后面，就会注意韵味的改变，那时没想到练拳会有这些变化，这些收获就激励我去练，退休后，有时碰到老同志，人家都会说："你怎么越活越年轻啊，一点变化都没有的！”我觉得心里蛮开心的，我就觉得这个运动蛮适合我的。

周：您的家人注意到您的变化吗？

X：家人嘛，我女儿蛮骄傲的，说我妈妈打木兰拳的，打得很好的。今年我女儿4月22日结婚，我穿了我的衣服，人家不要看新娘子了，都看我了，我女儿嫉妒了，她说我比新娘子还新娘子呢。我就穿了一件旗袍加一件披肩，我换好衣服出来以后，全场一片哗然，都说比我年轻时自己做新娘子还漂亮（笑）。打拳了以后，通过人的锻炼，气质也有明显改变，大家拍照的时候都能看出来，因为打拳让人明显看出变化，比如身材。后来我亲家的亲戚问：“你们家是不是练功跳舞的？”我亲家就说：“是打木兰拳的！”“噢，怪不得看上去两样啊”。

周：除了在体形上的变化，您心里有何感觉？

X：心里觉得挺高兴！家里有什么事情，可以放掉的就放掉，心态也挺好的。现在退休了，可以和打拳的一般小姐妹沟通，有什么信息大家可以交流，很多事情原来在家里都是不知道的，三个臭皮匠顶一个诸葛亮吗，和我同事站在一起拍照，大家都感觉我有变化。

周：您的健康状况一直都不错，是吗？

X：健康一直都是很好的，就是说不要闷在家里，要出去走走玩玩。我亲家都很羡慕，我女儿现在到澳洲去了，别人都问我寂寞吗？我说：“我一点不寂寞啊，我可以玩我自己的，甩掉了一个包袱（笑），否则女儿要缠住我，妈妈这样啊，妈妈那样啊（笑）。”

（三）生活的一部分

周：收获这些变化之后你是一直坚持下来的吗，你运动频率怎么样？

X：3 年之前，我几乎早晨天天出来，后来我们打拳当中的一个人生病了吗，就不来了。就会影响到我们大家，现在基本上每周出来 2 次。

周：每周出来 2 次，包括在马老师这里吗？

X：噢，包括这里就是 3 次。周一四六早上跳舞，早上是复习，星期二晚上老师上课。

周：那你每次练习多久？

X：早上 7 点钟开始，大概 2 个小时左右。

周：如果把木兰拳这个锻炼时间去掉，就是不练拳了，你会用什么来填补这个空档。

X：那我就没有方向了。我现在参加社区的舞蹈队，马老师说木兰拳里有很多舞蹈动作，我就跟着舞蹈一步步深入进去，把舞蹈这个东西表现出来。舞蹈里面怎么做，那么我就想在木兰拳里面怎么做的，这两个动作是不同的，但我会把它们融合在一起的。

周：您练了这么多年，也算是“老运动员”了。

X：有人问我是怎么坚持这么久的，我现在觉得打拳就和吃饭睡觉一样，已经成为我每天生活中的一部分了，没有打拳就好像生活缺少点什么一样，所以我都会坚持下去的。我还想去参加那个时尚模特队报名，报不进去！呵呵……

周：为什么报不进去？

X：满了！

周：除了练拳外，私下你们有什么交往？

X：经常聚一聚，我老公经常出差啊，出国了家里没人，我就会说“家里没人了，都来吧”！

（四）对木兰拳的认识

周：您觉得木兰拳是一种什么运动？

X：我以前小时候看到电视上跳舞队伍。她们怎么跳得这么好，我又不会跳！

周：讲到木兰拳时候，你以为是跳舞吗？

X：对！我觉得是一种蛮漂亮的舞。我就觉得是女同志练的，别的没有。

周：你刚才说你喜欢它，是什么让你喜欢？

X：它美！（回答得很坚定）

周：那它美在什么地方？

X：它的一招一式我都喜欢，动作舒展，符合女性审美。

（五）太极拳与木兰拳

周：您也看过很多人练习太极拳是吧！您觉得木兰和太极最大的区别是什么？

X：太极拳里面有很大的区别，年龄层次不对。我和他们在一起不行啊。

周：就是年龄差距大，不能沟通，有代沟！那你感觉双方的区别在哪？

X：区别？动作上有区别，一样的是都要用气、用腰打。对我们来说还是木兰拳适合，太极拳年龄大的人打的，我还没有到70岁！

六、WZQ访谈录

口述者：WZQ[1]（以下简称W）

访谈者：刘佳丽（以下简称刘）

时　间：2012年5月24日

地　点：上海体育学院科技园办公室

（一）自幼习武

刘：您什么时候练武术？

W：我小时候练体操，是上海市第一少体校体操队的。1965年，文化大革命开始，少体校撤销了。少体校撤销以后，我就到社会上去练武术了，那个时候到人民广场去练华拳。

那个时候，每天早上在人民广场练，不管夏天有多热，冬天刮风下雨，天天都去，一般5、6点钟开始练，要练到

[1] WZQ：男，（1953—），上海体育学院武术学院教授。1965年练习武术，1970年到江西插队，先后任团支部书记、民兵排长、生产队副队长等。1973年就读体育学院，成为上海体育学院武术队第一任队长，后为上海体育学院武术系教师，先后任套路教研室主任、体育休闲系主任、科技园总经理等。

7点多钟才散。

有时候确实累得不行了，思想上也动摇过，但最终还是坚持下来了，也因此养成了干什么事都持之以恒的毅力，这对我以后的生活影响很大。

（二）上山下乡

刘：您什么时候接到上山下乡通知的？

W：1970年，具体走的时间是1970年11月。那时上山下乡一片红么，不是接通知，是每个人都要去，无非是什么地方的选择，去农村是百分之一百的。我是68届初中，一片红，规定都得去。

刘：您选择去哪里？

W：我去了江西省贵溪县耳口公社，那是山区，是武夷山脉，武夷山也有点名气。

刘：您怎么到达插队地点？

W：现在回想起来很有意思哦。先火车，再汽车。汽车下来以后，再卡车。卡车下来以后没路了，就是往山里羊肠小道走、往山上爬。我们一边走路，一边手拿着小竹竿赶蛇，山路上不仅有蛇窜来窜去，还有小的野兽。一路风光极其秀美，有泉水啊、瀑布啊……我住在一个农民的家里，门前有两颗树，每颗树要三个人才能合抱。早晨起来雾蒙蒙一片，（仿佛）人在云里。

云飘过来，老远看到的是云，飘在面前就是水蒸气，老清凉的那种水蒸气。飘过去，又是一片云。在山里面，平时不出来的，出来一次上山下山要走10里路。我就在那个场合里面开始生活了。

（三）恢复练拳

刘：您下乡后什么时候开始恢复武术锻炼？

W：很快就恢复了。山里面到处都是竹子，去了一个月没到，我就拿菜刀砍竹子，拿竹子做成刀啊、剑啊。山里到处就是树，我就砍树干，晾晾干，做那个棍、枪。

空下来的时候一个人练习，练基本功啊，过去学的套路啊，什么弹腿啊，连步拳啊，少林拳啊，刀枪剑棍。

刘：您是公开练拳还是……

W：公开的，不是偷偷的练。因为山里面的（农）活一年只种一季，没什么事情干，空下来没事，广场比较大，比较平，房间就在边上。我练拳时农民们都来看热闹。

刘：人们如何评价您劳动之余的练拳？

W：时间不长，就传出去了，“哦，里山生产队有个上海的知识青年会练武术，练得蛮好”，“哎呀，这个知识青年有功夫”。

（四）进宣传队

刘：听说您插队时是宣传队成员？

W：我会武术的消息传出去后，我们公社有个毛泽东思想宣传队，里面两个导演都是专业的，是专业剧团的导演。他们下放到农村后帮公社组织了一个毛泽东思想宣传队。毛泽东思想宣传队里面那点人都是来自全国各地的，是有文艺细胞的知青。

我的名声传出去后，两个导演就来找我，“哦，听说你会练武术，能练上一段吗”？我就给他们练了套路，做那个空翻、小翻。正好宣传队唱戏的多，会武功的没有，我就在这个农场待了两个月后，就被调到毛泽东思想宣传队里面去了，调到公社的厂部去了。

我们宣传队二十多个人，一半的时间是排戏、演戏，一半的时间是劳动，有演戏就演戏，没演戏就种地。那个时候，我的任务是学唱戏、演武戏，自己练武功，教宣传队的人一些武术基本功……因为京剧都有武戏，没有武戏不能称之为京剧。武戏是我包的，一些对手不会练的，我先教他们，教完他们，我们再练。

我春节从来不回来的。因为那边有很多部队，春节要去部队慰问演出，出门就半个月，一个个部队去慰问过来，部队慰问完了以后再到大队、公社……慰问期间，白天走路，赶车，到了那儿就画妆，穿戏服，演戏。

刘：您演过什么角色？

W：我演过《红灯记》的交通员，第一场出来就是翻跟斗，以及后面的那个磨刀叔叔，需要武打的。我在那边是出了名的“磨刀椒椒”[1]。我演过《沙家浜》的排长、《智取威虎山》的杨子荣。到体育学院读书后的五一晚会上，我表演过杨子荣打虎上山。那时候无线电一打开来，（就是）八个样板戏。所以，我对样板戏很熟的。

---

[1] 江西人将叔叔称为“椒椒”。

（五）读大学

刘：您什么时刻来上体读书？

W：1973 年！我 1970 年去（江西）的，1973 年就上来了，实际上我在农村只呆了 3 年。那个时候王培锟来招生，他问我："你练什么？"我说："我是练华拳的！"我练了五路华拳，动作一做，他说："这个人我要了！"当时不知道，回来才知道他那时已经看中我了。

1973 年进来，那时候文化大革命结束以后要成立上海体育学院武术队，教练员是王培锟和邱丕相。我是第一任武术队队长，第二任是刘方同，第三任是刘同为。1974 年，上海体院第一次参加上海市第 5 届运动会武术比赛，人家把我们放在非种子队，我是队长，上去（比赛后）把体工队的专业队员给干掉了，我拿了甲组规定拳冠军。

刘：当时上大学应该是推荐的？

W：是的！当时恢复高考，工农兵学员招生推荐的时候，第一个推荐就是我，是在公社里大家都投票。群众也要投票，知识青年这么多人，知识青年投票也是我。最后领导点名也是我。所以我是第一个被推荐的，出来考试又碰到王培锟。

推荐是要又红又专，"专"是我演了这么多戏，名气很响。最熟的时候，我可以从《红灯记》第一句台词一直唱到最后一句，八场，一共两个多小时。"红"，我干活最累，手指十四个水泡，手上都是泡。干到什么程度，干到手指都伸不直，手指头是弯的。

（六）做干部

刘：听说您在上山下乡期间担任过领导？

W：是的，我在农村时候，表现很好，兼任了很多职务，如团支部书记、民兵排长、生产队副队长，以及知识青年代表。

刘：为什么推荐您做领导？

W：那里会练武术的人很少，我会练武术，人家很尊重我，“这个人有功夫”，这第一个。第二个是演戏，进一步扩大了我的影响力。第三个是我这个人思想蛮好，工作又积极。

（七）武术与戏剧

刘：武术与戏剧具有什么异同？

W：武戏和武术不一样！京剧打起来与武术对练不一样……就是有点假的，不像武术这么快。他是“啪啪啪”，一个亮相，再“啪啪啪”，再一个亮相，蛮有意思的。

七、JXY 访谈录

口述者：JXY[1]（以下简称 J）

---

[1] JXY：男（1954—），70 年代就读上海体育学院武术专业工农兵学员，90 年代参加市运会、中运会、全国冠军赛、国际武术交流赛裁判工作。曾在育才中学任体育老师，是“男拳女舞”教改活动的重要执行者，现在同济附属中学七一中学任体育教研室组长。

记录者：陈梅宝（以下简称陈）

时　间：2010年5月17日上午10:00—10:20

2010年5月20日上午10:05—10:20

2010年5月24日上午11:45—12:30

2011年4月14日中午12:10—12:45

地　点：七一中学体育教研室

（一）体育课教改

陈：请问当年育才中学的教改理念是什么？

J：在文化大革命以后，段老提出“转变教育观念，端正办学思想”的教育改革思路：提倡学生的“自治自理，自学自创，自觉体锻”，我们主要是“自觉体锻”的形式。后来是“读读，议议，练练，讲讲”，形成了“紧扣教材，边讲边练，新旧联系，因材施教”的16字经验。

陈：进行了哪些教改？

J：当时段老一方面改革期中考试，代以“开卷小结、笔谈、面谈、独立作业”，寓测验于平时练习；另一方面广泛开展有益于（学生）身心健康的文娱体育活动和“动手、动脑、发展智力能力、扩大学生视野”的课外活动。

陈：段校长很支持男拳女舞教改！

J：是的！段老师经常在操场上晃的，他自己还练什么八段锦啦，他对体育很重视的，每天早操他（都到）往操场上一站，他一站所有的班主任、体育老师都来了。

（二）“男拳女舞”

陈：为什么推行“男拳女舞”教改？

J：在文化大革命以前我们学校是排球传统学校，文革后人们认为身体非常重要，当时段老认为学生的负担太重，压力太大，体育太少，于是提出“每天活动1小时”，五天都有体育课。其中两天大课（45分种），三天小课（35分钟）。大小课（教改目标是）让学生自觉体锻，还想让同学们以后自己练习，形成自觉体锻以后自己练习也就有可能了。

另外，因为练武术不需要很大的场地，器械要求也不高，还是传统文化，就在体育课推行“男拳女舞”改革。大课按着教学的进度进行安排，小课就是“男拳女舞”，男女分班教学，男同学学武术，女同学学舞蹈。

每个学期我们都进行小课展示，当时班班都有武术队的，小课展示基本上就是成果展示，是搞一下表演。比如几个班（依次）出来把本学期学的东西拿出来，男同学出来“刷刷”把武术动作练一下。如果是学校层面的，就是把学校最好的东西拿出来，展示给领导。小课展示，就是纯粹的教学成果展示，是拉出来让学生练练，看学生学会了什么。和大课的形式完全不同了，没有正常的教学常规，没有正常的队形变化，整好队后体育委员说请你上课，学生“刷刷”打拳，老师在前面带领，然后就下去了，下一班进行展示。

上面讲的是课内活动，课外我们编了一套武术操，用于课间习练，也成立了武术协会，由团委组织的，每年也举行几次活动。（另外）我们和上海武术院定了一个合同，我们的运动员在他们那里面训练，他们给我们一定的名额，这是在普及的基础上进一步提高。

陈：有无运动队？

J：有！我先负责武术协会，大概在1987、1988年指导学生学习长拳、刀、枪、剑，1988到1995年还没有形成有规模的运动队，1995年开始成立运动队。我到日本去了一个多月，学习了新鲜理念，后来回来就开始大张旗鼓地招收队员了，这些队员年年参加比赛了，毕业后送到大学。当时我们学校就训练一天，其他几天就到体工队训练，就是曹伟民老师训练了。

陈：有没有家长认为练武浪费时间？

J：没有，当时99%的家长都支持，认为是学会生存的一项本领，而不认为是浪费时间。

陈：学生喜欢吗？

J：应该说学生是喜欢武术的，男生喜欢发力的动作，表现他们的男子气概。但是学生对武术的素质要求、需要记的内容和静力性动作有些情绪。但是通过老师的引导，学校大环境的熏陶，到最后在学会一两套拳后兴趣自然增添了不少。高三是教太极拳，后来我们的学生中有许多出国的，（他们）写信给我说："当时他们学习太极拳只是学学，但到了外国却成为了一个生存的本领。"也有（学生）教自己的父母，发现健身效果很好。

陈：当年育才男拳教改不同年级的武术教学内容是什么？

J：初一，以基本功为主，初二以长拳为主，初三以短器械为主，考虑到安全问题，长的器械没有开展。高中一年级也是以初级长拳为主，高二以青年长拳为主，高三时候学太极。

（三）师资培训

陈：当时的老师都会武术吧？

J：不是！我们以一个月组织一次的教研活动、外出进修，（最终）基本上都会（教武术）。

陈：当时教研活动如何组织？

J：每个周三上午开教研组活动，业务进修，一起学拳。男拳备课组教研活动时，一是我对各个老师进行培训（技术），我先教给老师，然后老师教给同学，二是以集体备课统一教案、教法。

陈：除了教研活动之外，还有哪些提高其他教师武术教学能力的举措？

J：（一方面，）我们请社会上拳师、体院老师来育才指导，先后来我们学校的专家有（上海体育学院）蔡龙云老师、刘同为老师，过去是市队教练员现在在上海师大工作的张风云老师，这些老师会给来个讲座，教几个动作……还有就是曹伟民、俞吉元、冯坚江、王维新这些上海的教练员，他们离我们学校比较近了，有什么事就请他们过来就行了。（另一方面，）从 1977 年开始到 80 年代初，我们一直是上海体院武术系的教学试验点。当时胡莺啊，潘杰良啊，都在我们这里实习的，那么好了，我们学校有了这些武术老师，就可以开展武术了！我们加强了教师配备，老师都有一定的武术基础，都能基本掌握简单的长拳、器械，对练没练过。

陈：您什么时刻加盟育才中学的？

J：我之前在静安区的向星中学教课，段老师知道我是搞武术的，就点名把我调过来了。当时一个区可以随便调动，正好这边需要搞武术，男拳嘛，来帮他们培训武术老师、开展武术教学活动、武术课外活动等的组织，我就过来。之前我在那里也是做体育老师，只是什么都教，来到这里后我着重负责武术这一块了。

陈：您什么时候学习武术的？

J：我学习武术大概是在文化大革命时期，大概是 1967 年，刚好小学毕业，我们喜欢练身体，我们有几个（一起）练心意拳。（上山下乡）我到黑龙江，也练习武术。后来上大学，我是 1974 年读工农兵学院，在上海体育学院武术系学习了 3 年，毕业以后一直在中学从事中学武术教育，然后又读了 3 年专升本。90 年代的时候，参加一些裁判工作，市运会、中运会、全国冠军赛，我都参加裁判工作的，还有国际武术交流赛，一直到现在。

（四）教学方法

陈：您在“男拳”教改中遇到的最大问题是什么？

J：兴趣！要培养学生的兴趣，（学生）有了兴趣才想继续学习下去了。（因此，武术教学要）先让他们有兴趣，然后再讲（专业）基础。

除了一些喜欢表现自己的男同学学得积极些，（不少）学生认为能学到东西就会好好地学，（或者）有的人看老师打得像了、有点感觉了，就想跟着学习，因此老师的教学很重要。（所以，在教学中）要选择适合他们身体状况、心理条件的武术内容，男生都喜欢用力发力的，所以应讲如何发力；亮掌，亮相啊，他们感觉不实用，都是花架子，他们不会学习的；弹踢，（如果要求控着不动）他们站都站不稳，左右摇，怎么可能有兴趣了。

陈：激发兴趣也有一个循序渐进问题？

J：对！例如，教仆步，就是全部都蹲下来，接着再（将）一个腿伸直，伸好后把脚尖（内扣）勾起来，然后尽量用自己的同侧手去碰自己的脚背了。你要是实在不行的话，你就把这个脚跟踮起来，稍微踮起来点，然后再让（同侧）手向前伸出去，保持平衡。

陈：在教学步骤上有没有激发兴趣的循序渐进问题？

J：当然有了。第一遍让学生复习，教师在旁边看，看看他们都回去练习了没有；第二遍教师带他们练习，有的可能回去忘了哪个，（让他们）跟着老师一起回忆；练完了第三遍就让小干部带着练，老师开始巡视指导，开始纠正动作，主要是巩固提高；最后一遍小干部带着集体练习。进行完了之后，我们学习新的内容。（新授时）老师先带着练习，学生模仿练习，学生基本上了解了动作之后分组练习，我一般分成四个小组，各个小组提出不同的目标，由组长带领大家分头练习，教师在旁边巡视、检查。这四组安排是，第一组是吃不饱的同学，会加些难度拓展一下，小干部在旁边指导一下；第二组三组，基本上按照老师正常进度进行；第四组，是比较肥胖的，反应慢的，基础比较差的，是老师要重点辅导的学生。

（五）小干部

陈：武术协会是兴趣小组吗？

J：是的，武术协会一共20人左右，包括体育委员，作为武术教学的小干部。（时间安排是）周二、周五两次，两次培训还不一样的，大概两个小时左右。一次活动为武术教学培训，就是针对我们上课的内容进行培训，先教给他们本学期武术教学内容。一次是兴趣，解决学生“吃不饱”问题，包括刀枪剑棍啊什么的，什么都有。开始大家跟着老师练习，老师感觉有几个苗子的话，然后分成几个小组，由几个学生的小干部带领大家练，后来练练吧就自己练习了。

陈：小干部是怎么选的呢？

J：小干部一开始从任课的班级抽选学生，当时是我点的啊！我说，为了要让他们真真正正学点东西，上课当老师的小干部，问问他们喜不喜欢进入武术协会。然后选择武术基础好点的同学，以及一些素质好、身材比较匀称的同学。

各个任课老师将本学期的课程内容告诉小干部，使他们在技术、技能上熟知我们这学期要上什么内容，掌握后提高他们的演练水平。在教学中起到的作用是，一领做和示范，二就是分组的负责人，三是在学生当中发挥互帮互助、相互学习的作用。主要派这个作用！

（六）医务监督

陈：当时的医务监督严格吧？

J：我在的时候就是比较严格的。医务室的张老师是学医的，很负责。我记得，当时上课前两分钟，他测一下学生的脉搏，大约为80次左右/分，然后上课后到90次/分接着出现高峰大约110次/分，之后慢慢下降，最后出现第二次高峰大约为120次/分，然后下课再慢慢恢复了。

八、外国留学生J访谈录

口述者：J[1]

访谈者：唐韶军（以下简称唐）

时　间：2012年8月6日

地　点：鲁东大学1号体育馆，篮球场地

（一）中国武术印象

唐：您来中国之前对武术大体的印象是什么？

J：在我少年时期，很喜欢看Bruce Lee（李小龙）的影片，他的名字已经成为中国功夫的代表，同时也代表了中国人的形象。当时，在我的心目中，中国功夫很神秘，中国人

[1] J：男（1973—），美国籍英语外教。

似乎个个都是武林高手。Bruce Lee，非常强大，没有人能够打败他。我看过的那些武打场面，给我印象最深的就是他的腿功，真真实实地打在坏人的身上，根本不是在演戏，就是在实战吗！虽然很久了，但是我还是记得很清楚，中国功夫简直就是……太厉害了！

唐：那其他美国人怎么理解武术呢？

J：哦，是这样的，中国功夫在美国的知名度很高，比中国的其他传统文化要好很多，比如针灸、书法。在大街上随便问一个路人，不论是白人、黑人，还是超市售货员、大学教师，他们都表示不仅知道中国功夫，而且还很崇拜。你要知道，美国人对中国功夫的了解离不开李小龙、成龙和李连杰三个人的动作片。在我家附近的音像商店的动作区域浏览时，经常会见到顾客拿着成龙的电影 DVD 向一块来的朋友竖起拇指叫好。

唐：您来中国好几年了，又在学汉语，还练过武术，请问，你认为中国武术和中国文化有什么样的关系呢？

J：美国人对中国武术不仅仅是喜欢，而且可以说是崇拜。他们认为中国功夫的魅力不仅仅在于搏击格斗和防身自卫，还有健身，更重要的是武术中蕴涵了丰富的哲理与历史渊源，这一些也更令人着迷。因此，在美国人看来，不管你能不能理解，中国武术确实是开启中国传统文化的钥匙，是美国人了解中国的一个很好的途径。来中国这么多年，通过学习汉语、练习太极拳，我对中国文化的认识越来越多了。

（二）太极拳印象

唐：中国武术有很多内容，或者说项目，你为什么首先选择练习太极拳呢？

J：我以前是大学里的划船运动员，在比赛中膝盖受了伤。伤好以后，医生建议我不要再做剧烈的运动。所以，以后我就很少活动了，最多散散步、慢跑，你知道，时间长了那是很无聊的事。后来，我到中国做外教，那是三年以前的事了，我在广东的一个大学里教英语，在一个偶然的机会见到了太极拳，很多年轻的大学生都在练习。我观察了很长一段时间，觉得它柔和缓慢，心想也许太极拳比较适合我的实际情况。于是就开始学习太极拳了，我练的 24 式太极拳，不过有几个动作不太清楚了，所以，来找你指导一下。

唐：哦，这没问题，你通过练习太极拳，觉得有哪些收获呢？

J：我说的，记得吧，我的膝关节受伤了，以前没有合适的运动项目，所以，我很少运动的，体重增加了不少，肚子大了，心情也不好。学会了太极拳之后，我天天都要练习一个多小时，现在一切都 OK 了！以前走路多了，我的膝盖就会疼痛，只好休息几天。现在好了，太极拳既柔和又缓慢，而且可以自己调整身体姿势的高低，疼的时候我就高一点，如果不太疼我就蹲得低一点，没事的。我想我会一直练下去的，所以，我要继续来学习吗！

唐：除了可以健身（building-body）以外，你觉得还有什么其他的好处？

J：这个，其他？哦，我不是说了吗，当我肥胖的时候，我心情很不好，烦躁、抑郁，甚至有点暴躁，但是通过练习太极拳，我的心情变得很平和了。现在上英语课的时候，面对学生的错误也很少发火了。太极拳好像改变了我的生活习惯，我变得不压抑了，我可以用太极拳放松心情。你想呀，我练拳的时候，都是在校园里，有花草树木，有新鲜的空气，当你和周围的环境联系在一起的时候，你会觉得心里很舒服，这时你会觉得生活很有意义。

（三）学习中文的目的

唐：你来中国学习中文的目的是什么？就是说，你在韩国是教英语的老师，你学中文有什么用呢？

J：中国是武术的发源地吗，我想只有在这里才能学到真正的武术，就像学跆拳道的人总希望到韩国来深造，而且我觉得在体育教学里面能够学得更好，因为武术老师会掌握一些教学方法。中国买东西、租房子很便宜，而韩国却很贵，所以，假期在这里学习生活很划算，可以省下很多钱，这些钱可以用作学习中文的学费了。

唐：你省下的钱，为什么不干别的，而选择了学习中文？

J：哦，我喜欢中国，孔子、李小龙、中国文化和中国武术的神秘吸引着我，我觉得中国文化很有意思的，想通过多种方式来了解一下，所以我就来中国了，除了学习中文，我还喜欢上了太极拳。24 式太极拳我已经练会了，现在想再学点更难的。

唐：你提到了中国文化和中国武术，你认为，练习太极拳对你理解中国文化有用吗？

J：当然，我想肯定会有帮助的，就像通过练习瑜伽可以了解印度文化，练习跆拳道可以了解韩国文化一样。

（四）中国文化印象

唐：你通过练习太极拳了解到的中国文化是什么样的呢？

J：很难说，不知道说的对不对。太极拳不像别的健身项目，其他项目只要活动就行了，不太在乎动作是否标准、优美；而太极拳除了健身之外还具有表演性，要练得好看。所以，我觉得似乎中国人特别在乎别人是怎么看自己的，也特别强调自己的与众不同。另外，练太极拳之前，先要行“抱拳礼”，练完了之后也要行“抱拳礼”，这是表示对别人的尊重，和自己的谦虚。所以我觉得，这能反映出中国的礼仪文化。

再比如太极拳“阴阳和谐”，做动作时要求上肢下肢、左手右手要配合协调，似乎做动作都要求对称。学中文时，老师讲到“阴阳统一”时，我根本理解不了，现在好像懂了点，就是不管练太极拳还是做什么事都要协调吗！不能太突出某一方面，而忽略了另一方面。这方面，太极拳表现的很好，很协调。

唐：那你学会了太极拳，是不是就可以回去教你的朋友练习了？

J：武术在韩国知名度还不是很高，很多韩国人并不了解，练太极拳的人也不多。如果我在韩国大学公共场合练习太极拳的话，也许有的韩国人会取笑我："看，那个美国白人在干什么呀？"在韩国特别是年轻人，他们更喜欢练跆拳道。

唐：那在美国呢？

J：美国可以的，如果有人愿意找我并让我教他的话，我会认真教的，还可以把我了解的中国文化介绍给他们。但是，我更想把它作为自己生活中的一种健身方式，通过不断练习，逐步提高太极拳水平，提高自己的健康状况，调整自己的内心平衡。在美国，人们的工作压力很大，心理放松就显得特别重要了，我想，在这方面太极拳能起到积极的作用。

唐：在中国文化中，这叫"内外兼修"，既锻炼体质又调整心态。还有一个境界叫"天人合一"，听说过吗？就是，人和大自然融合在一起。

J：对的，刚才我好像提到了，我练太极拳的时候可以和脚下的草坪、周围的树木和四周的空气等自然界的物体融合在一起，感觉自己成了环境的一部分，好像把自己都忘掉了，我想，也许这就是"天人合一"吧。这种感觉很美妙、很享受。其实，我觉得中国文化的内涵太丰富了，理解起来很困难，我现在通过武术也只能理解很少的一部分，也许在将来的练习过程中会不断地有新的理解，我想会是这样的。

唐：除了太极拳，你还想学什么武术呢？

J：我很喜欢成龙的醉拳，喝多了酒还能这么厉害，还能打人。但是，我觉得我是练不了的，太难了！除了练好太极拳，我还想学习一下太极剑。因为，我的腿有伤，不能做剧烈的运动，看来我只能练习太极拳了，要是能把太极拳、太极剑练好，我就心满意足了。

九、外国留学生 CBX 访谈录

口述者：CBX[1]（以下简称 C）

访谈者：韩红雨（以下简称韩）

时　间：2012 年 10 月 15 日

地　点：上海体育学院 6 号公寓会客厅

（一）为了研究武术留学中国

韩：你好！有一段时间不见了，最近都忙什么呢？

C：你好！最近主要忙我的毕业论文，我和导师说好了，要去少林寺访谈。因为我研究的是少林武术文化与韩国的武术比较。

韩：你的研究内容是来中国之前就想好的吗？

C：没有，在韩国多位老师指导与培养下长期研修“金刚乘佛武道”，也对“金刚乘佛武道”形成了异常深厚的专业情感，硕士论文以“金刚乘佛武道”为题研究了它的身体文化思想研究，在硕士阶段的研究中也发现“金刚乘佛武

[1] CBX：男（1984—），韩国人，上海体育学院民族传统体育学博士研究生。

道”与中国佛教的关系。我觉得这与我小时候看中国电影有关系。在韩国的时候，主要是通过电影了解一些中国武术，比如《少林寺》，李小龙的电影《精武门》，还有《猛龙过江》。说句老实话，武术在韩国知名度还不是很高，很多韩国人并不了解。我和哥哥来中国以前都没有听说过少林武术。跆拳道在韩国更流行，练习的人也很多。但是我不喜欢跆拳道，我觉得武术更好看，更帅气。而且武术内容很多，有踢、打、摔、拿，跆拳道没有；武术有很多套路，永远学不完，跆拳道也有套路，但不是很多；武术包含很多中国文化，比如说养生、技击很独特，武术学好很难，需要经常练习，而且武术是一种教育的手段。

C：来中国以后，我在学校学了太极拳。

韩：是不是可以这样认为，你为了追寻帅气的中国武术而来到中国，来到上海体育学院，还想借此机会研究一下中国的武术。

C：是的，我感觉中国武术很神奇，里面有很多中国文化。比如说武术讲究尚武，还有爱国，比如师生上课要抱拳礼，抱拳礼有很多内容，一手代表文、一手代表武，文武是一家，还有什么文不和武斗，武术是文武双修的教育，不是为了打人。武术电影的动作很漂亮，轻柔、缓慢，是一种中国文化的表现，少林寺也很好，不仅仅里面有很多的拳种、套路，而且有一定的中国文化背景。当时不知道这些，所以感觉好奇，想来中国读书。因为要学习中国文化，必须要找一个途径，才能深入学习体会，我觉得少林武术与韩国的金刚乘佛武道还是有关联的。

（二）确立比较研究对象

韩：少林武术与韩国的金刚乘佛武道之间的关联，你是如何思考这个问题的，围绕你的研究，你都掌握了哪些材料？太极推手、华拳等。

C：有两年多了，开始只是想想这个问题，后来学习了一段时间之后，发现我的观点是对的，韩国与中国一样，不仅都有武术——韩国“金刚乘佛武道”与“中国少林功夫”，而且两者都作为佛教修行的一种手段，都有“见性成佛”的宗教性，都有服务社会的世俗性，都在历史发展中形成了护国传统、保持着与战场武技相似性的身体技术。但是，由于文化的本土化，两国佛教武术还是存在一定程度上的文化差异，特别是在宗教方面：韩国从中国引入佛教时，以文化模仿，引入了佛教制度和价值标准；同时，在以佛教解决当地具体问题时也进行了某些改造，而表现出韩国的民族特性。如初期的“御鬼退病、求福如愿的信仰工具”；后来的“与王权结合成为维护封建王朝的思想武器”；从而引起了不仅佛教思想和修持方法上适应了其“本土”环境，而且还在寺院管理形态、俗讲、各种仪式、节日行事、经济方式等一系列制度方面也适应了其“本土”化改变。

韩：你讲得很有道理，而且也比较专业，所以你想亲自去少林寺看看，实地了解一下中国少林寺的情况，以便和韩国的金刚乘佛武道进行对比，没错吧？

C：是这样子的，禅与拳的融合，是少林功夫区别于其他武术派别的重要特征之一。“少林功夫”，是在嵩山少林寺特定的佛教文化环境中形成，在社会动荡不定，在政府无法保护的情况下，少林寺拒贼、护庙，保护其利益和地位的需要，是少林习武的因素之一，因此早期的少林武术为保护寺院的稳定和安全起到了一定的作用。与韩国的“金刚乘佛武道”不同，它属于密教，在历史发展中其不做笔录和口传心授的传承方式，不仅世人知之甚少，而且所存文献资料也不多。随着现代化进程，“金刚乘佛武道”不仅在美国洛杉矶以及韩国的釜山、首尔、蔚山等20多处设立修炼场，原来和尚修炼法的“佛武道”也逐步在俗界流行，而且作为“金刚乘佛武道”发源地，“梵鱼寺”也主动承担起“培养担负韩国未来的青少年拥有浩然之气，修炼心灵学习的基础”之任。同时，作为影响韩国佛教武术的中国少林功夫却在国内普及与国际传播方面做得很好，因此，比较两国佛教武术的文化异同，既是更好地推动韩国“金刚乘佛武道”当代发展的需要，具有实践价值，也是一次深入了解中国文化的机会和平台。

韩：前面你提到，学习武术加深了你对中国文化、少林文化的了解，而且少林文化也是你研究的重点之一，你是怎样理解少林文化的？

C：学习武术，对了解少林文化的确对我帮助很多，少林功夫的形成与佛教禅宗有着密切的联系，我觉得寺僧在修炼少林武术的过程中，心无杂念，抛开一切生理负担，佛教礼法与少林拳礼的结合，禅定打坐与少林坐功的结合，佛教戒约与少林禁约的结合，佛教养生与少林内功的结合，禅宗要义与少林心法的结合，都是为了遁世，追求一种圆满。禅宗的最大特点是“不立文字”，全凭修行者的悟性，直觉体验，领悟宇宙的永恒。少林僧人不仅要经过反复的习武练习熟悉动作，还要在这些动作中悟出少林武术的真谛，通过武学上升到修禅的境界。再通过修禅得出的禅理反作用于武术，使武术的境界也更上一层。“内练一口气”“外练筋骨皮”都是体育性生理锻炼行为。禅宗教义用以指导拳理，禅理与武术互为表里。通过持戒参禅，可以悟彻自性，求得“无上妙智慧”，达到“无所为又无所不为”之境。

韩：你举的例子很形象，可以这样间接地去理解。据我所知，你在中国学校快 3 年了，通过一段时间的学习，你对之前看过的电影有什么新的认识吗？

C：还是有的。我觉得他们练功都很刻苦，所以功夫都很厉害，武术电影中有很多武德的内容，他们都不轻易出手，而是在不能忍让的时候才被迫出手的。所以我感觉他们有的时候出手，都不是一定要把对方杀死，而是手下留情，我想这也是少林寺禅文化所提倡的，不杀生，讲慈悲，这种“仁”的精神，就是我要学习、我要研究的内容，因为它代表了中国的文化，只有通过研究武术、学习武术，我们才能体会到什么是“仁”，体会到如何去关爱别人。因为我的愿望是当老师，去大学教武术，我要把我学习的心得让韩国学生知道，也鼓励他们来学习中国文化。

韩：你的想法很好，相信你一定会成功，加油，最后谢谢你的应邀访谈。

C：不用谢，我也知道了很多的中国文化。

参考文献

一、人文社会学文献

[1] 莫里斯·哈布瓦赫. 论集体记忆 [M]. 毕然，郭金华，译. 上海：上海人民出版社，2002

[2] 保尔·汤普逊. 过去的声音：口述史 [M]. 沈阳：辽宁教育出版社，2000.

[3] 保罗·康纳顿. 社会如何记忆 [M]. 纳日碧力戈，译. 上海：上海人民出版社，2000.

[4] 丛书总编纂委员会编. 上海教育年鉴 1949—1984 [M]. 上海：上海人民出版社，1998.

[5] 邓贤. 中国知青终结 [M]. 四川：四川文艺出版社，2009.

[6] 定宜庄. 中国知青史：初澜（1953—1968 年） [M]. 北京：中国社会科学出版社，1998.

[7] 定宜庄. 最后的记忆——十六位旗人妇女的口述历史 [M]. 北京：中国广播电视出版社，1993.

[8] 杜鸿林. 风潮荡落——中国知识青年上山下乡运动史 [M]. 深圳：海天出版社，1993.

［9］段力佩．从小抓好体育，促进全面发展［M］．上海：上海教育出版社，1984．

［10］冯亚琳，阿斯特莉特·艾尔．文化记忆理论读本［M］．余传玲，等，译．北京：北京大学出版社，2012．

［11］富成兰．女记者的心声：50名女记者工作生活自述［M］．北京：中国工人出版社，1996：122．

［12］顾洪章．中国知识青年上山下乡始末［M］．北京：人民出版社，2009．

［13］国家统计局社会统计司．中国劳动工资统计资料1949—1985［M］．北京：中国统计出版社出版，1978．

［14］李汉林．中国单位社会——议论、思考、研究［M］．上海：上海人民出版社，2004．

［15］李小江．历史、史学与性别［M］．南京：江苏人民出版社，2002．

［16］刘纪清．实用运动处方［M］．哈尔滨：黑龙江科学技术出版社，1997．

［17］刘军．社会网络分析导论［M］．北京：社会科学文献出版社，2004．

［18］刘小萌．中国知青史［M］．北京：中国社会科学出版社，1998．

［19］潘鸣啸．失落的一代：中国的上山下乡运动：1968—1980［M］．欧阳因，译．北京：中国大百科全书出版社，2010．

［20］上海育才中学．怎么开展学校体育工作［M］．上海：上海教育出版社，1984．

[21] 沈殿忠. 思想沉浮录——一位知青尘封30年的日记[M]. 沈阳：辽宁人民出版社，1998.

[22] 史卫民，何岚. 知青备忘录：上山下乡运动中的生产建设兵团 [M]. 北京：中国社会科学出版社，1996.

[23] 唐德刚. 史学与文学 [M]. 上海：华东师范大学出版社，1999.

[24] 唐纳德·里奇. 大家来做口述历史：实务指南(第二版)[M]. 王芝芝，姚力，译. 北京：中国出版社，2003.

[25] 唐诺·里齐. 大家来做口述历史 [M]. 王芝芝，译. 台湾：远流出版公司，1997.

[26] 王江. 劫后辉煌 [M]. 北京：光明日报出版社，1995.

[27] 王鸣剑. 一场决定3000万中国人命运的运动之谜[M]. 北京：光明日报出版社，1998.

[28] 修昔底德. 伯罗奔尼撒战争史 [M]. 谢德风，译. 北京：商务印书馆，1985.

[29] 杨祥银. 与历史对话——口述史学的理论与实践[M]. 北京：中国社会科学出版社，2004.

[30] 叶澜. 新编教育学教程 [M]. 上海：华东师范大学出版社，1991.

[31] 袁林. 西北灾荒史 [M]. 兰州：甘肃人民出版社，1994.

[32] 张晓. 西江苗族妇女口述史研究 [M]. 贵州：贵州人民出版社，1997.

[33] 中共中央文献研究室. 共和国体育：110位见证者访谈[M]. 贵阳：贵州人民出版社，2008.

[34] 中国民主促进会中央委员会. 上海育才中学教育改革经验选编1983 [M]. 上海: 上海出版社, 1983.

[35] 周新国. 中国口述史学的理论和实践 [M]. 北京: 中国社会科学出版社, 2005.

[36] 杨祥银. 与历史对话——口述史学的理论与实践[M]. 北京: 中国社会科学出版社, 2004.

[37] 陈旭清. 心灵的记忆: 苦难与抗争——山西抗战口述史 [D]. 杭州: 浙江大学, 2005.

[38] 张广智. "把历史交还给人民"——口述史学的复兴及其现代回响 [J]. 学术研究, 2003 (9).

[39] 王炎. 海峡两岸的口述史研究与交流 [J]. 扬州大学学报 (人文社会科学版), 2005 (3).

[40] 庞玉洁. 从往事的简单再现到大众历史意识的重建——西方口述史学方法述评 [J]. 世界历史, 1998 (6).

[41] 周新国. 构建中国特色、中国风格和中国气派的中国口述史学——关于口述史料与口述史学的若干问题 [J]. 当代中国史研究, 2004 (4).

[42] 曹幸穗. 口述史的应用价值、工作规范及采访程序之讨论 [J]. 中国科技史料, 2002 (4).

[43] 傅光明. 口述史: 历史、价值与方法 [J]. 甘肃社会科学, 2008 (1).

[44] 高飞. 蹉跎与奋进——我的知青生活十五年(四) [J]. 江淮文史, 2003 (4).

[45] 郭于华. 心灵的集体化：陕北骥村农业合作化的女性记忆 [J]. 中国社会科学，2003 (4).
[46] 郭于华. 作为历史见证的“受苦人”的讲述[J]. 社会学研究，2008 (1).
[47] 蓝晟. 智能气功斩毒瘾 [J]. 三月风月刊，1998 (4).
[48] 刘亚秋.“青春无悔”：一个社会记忆的建构过程 [J]. 社会学研究，2003 (2).
[49] 刘征. 口述历史及其征集方法 [J]. 湖北档案，2006 (6).
[50] 孟庆顺. 口碑史学略述 [J]. 国外社会科学，1987 (1).
[51] 屈雅君. 妇女口述史国际学术研讨会评述 [J]. 陕西师范大学学报，1998 (4).
[52] 荣维木. 口碑史料与口述历史 [J]. 苏州大学学报(哲学社会科学版)，1994 (1).
[53] 盛燕茶，杨新. 浅论音乐在木兰拳运动中的作用[J]. 时代文学 (下半月)，2010 (4).
[54] 孙利芳，林梅. 浅谈离退休老人的心理变化及干预对策 [J]. 科技资讯，2010 (7).
[55] 唐德刚. 史学与文学 [M]. 上海：华东师范大学出版社，1999.
[56] 王汉生，刘亚秋. 社会记忆及其建构：一项关于知青集体记忆的研究 [J]. 社会，2006 (3) .
[57] 王灵善.《山西抗战口述史》的新视角 [J]. 前进，2005 (9).

[58] 王小莉，李飞龙. 近五年来国内口述史学研究综述 [J]. 高校社科信息，2005（6）.

[59] 王艳勤. 中国的口述史学研究 [J]. 湖北大学学报，2004（9）.

[60] 吴艳红，J.David Knottnerus. 日常仪式化行为：以知青为例的研究 [J]. 社会，2005（6）.

[61] 吴艳红，J.David Knottnerus. 日常仪式化行为的形成：从雷锋日记到知青日记 [J]. 社会，2007（1）.

[62] 吴正彪. 黔南民族口述史歌的翻译整理与研究价值浅论 [J]. 贵阳学院学报（社会科学版），2007（3）.

[63] 严考亮. 邓小平作出恢复高考决策的历史意义[J]. 重庆工学院学报（社会科学版），2007（10）.

[64] 杨洁. 妇女口述史国际学术研讨会综述 [J]. 陕西师范大学学报（哲学社会科学版），1998（4）.

[65] 杨祥银. 试论口述史学的功能与困难 [J]. 史学理论与研究，2000（3）.

[66] 杨鑫基. 寻找通向未来的路——段力佩和他的事业 [J]. 当代杂志，1985（2）.

[67] 杨雁斌. 口述史学百年透视（上、下） [J]. 国外社会科学，1998（3）.

[68] 杨雁斌. 口述史学百年透视（下）[J]. 国外社会科学，1998（5）.

[69] 余未人. 走进鼓楼：侗族南部社区文化口述史 [M]. 贵州：贵州人民出版社，2001.

[70] 张广智．“把历史交还给人民”——口述史学的复兴及其现代回响 [J]. 学术研究，2003 (9).
[71] 张曙．知识青年上山下乡研究中几个问题的争鸣[J]. 世纪桥，2000，(2)：61–63.
[72] 张素珍，等．木兰拳练习对女性血脂成分的影响[J]. 上海体育学院学报，1996 (8).
[73] 张智录，权黎明．竞技武术散打运动发展现状与对策研究 [J]. 中国体育科技，2003 (7).
[74] 张宗豪，王国志．大众武术：全民健身运动中的亮点 [J]. 搏击·武术科学，20085 (10).
[75] 赵平．四成癌症可治愈 [J]. 中国经济周刊，2010 (2).
[76] 钟少华．中国口述史漫谈 [J]. 学术研究，1997 (5).
[77] 周溢潢．中美乒乓外交背后的毛泽东 [J]. 北京档案，2004 (12).
[78] 李永安，张瑛秋．乒乓外交的文化分析 [J]. 体育文化导刊，2012 (1).
[79] 朱志敏．现代口述史的产生及相关几个概念的辨析 [J]. 史学史研究，2007 (2).
[80] 多萝苔·维尔琳．口述史与妇女历史研究：来自德国的经验 [J]. 陕西师范学报（哲学社会科学版），1998 (4).
[81] 富平宁．我国知识青年上山下乡始末 [J]. 文史月刊，2003 (9).

[82] 林木，鹿海鹰. 知识青年上山下乡［J］. 党史博览，2004（1）1.
[83] 吴炳义，等. 慢性病与人口学特征的关联初探[J]. 医学信息，2010（8）.
[84] 徐国利，王志龙. 当代中国的口述史学理论研究[J]. 史学理论研究，2005（1）.
[85] 叶青. "文革"时期知识青年上山下乡社会心理探析［J］. 福建师范大学学报（哲学社会科学版），2011（5）.
[86] 李巧宁. 知识青年上山下乡心态探析［J］. 求索，2004（1）.
[87] 熊月之. 口述史的价值［J］. 史林，2000（3）.
[88] 杨雁斌. 口述史学百年透视（上）[J]. 国外社会科学，1998（2）.
[89] 张耀庭. 当前武术发展中若干问题的思考［J］. 中华武术，1995（2）.
[90] 刘小萌. "老三届"学生上山下乡的缘起［J］. 武汉文史资料，2009（8）.
[91] 叶辛. 论中国大地上的知识青年上山下乡运动[J]. 社会科学，2006（5）.
[92] 广西壮族自治区通志馆.太平天国革命在广西调查资料汇编［G］. 南宁：广西壮族自治区人民出版社，1962.
[93] 沈坚. 法国记忆史视野下的集体记忆［N］. 中国社会科学报，2010-03-02（2）.

[94] 艾娟. 知青集体记忆研究 [D]. 天津：南开大学，2010.
[95] 高广景. “文革”时期知识青年上山下乡运动研究[D]. 芜湖：安徽师范大学，2007.
[96] 李明华. 文革背景下的知青语言研究 [D]. 长春：吉林大学，2008.
[97] 王晓丹. 1977 年恢复高考政策的影响 [D]. 北京：中国政法大学，2010.
[98] 张曙. 不对称的社会实验——论“文革”中的知青上山下乡运动 [D]. 北京：中共中央党校，2001.
[99] 蔡智清. 不言放弃、绝境重生 [EB]. http：//guolinqigong.blog.163.com/. 2009-12-01.
[100] Oasisli. 工农兵学员上大学 [EB]. http：//edu.qq.com/a/20091115/000125.htm. 2009-11-15.
[101] 赵继锋. 拼搏抗争、探索求知、奉献社会[EB]. http：//guolinqigong.blog.163.com/. 2011-01-27.
[102] 曲衍立，张梅玲. 类比迁移研究综述 [OB/OL]. http：//Hwww.psychcn.comH. 2001-08-02.

二、武术文献

[103] 蔡龙云. 琴剑楼武术文集 [M]. 北京：人民体育出版社，2007.
[104] 蔡龙云. 武术运动基本训练 [M]. 上海：上海文艺出版社，1958（1963）.

[105] 戴国斌. 武术：身体的文化 [M]. 北京：人民体育出版社，2011.
[106] 戴国斌. 中国武术的文化生产 [M]. 上海：上海人民出版社，2015.
[107] 郭玉成. 武术传播引论 [M]. 北京：北京体育大学出版社，2006.
[108] 刘同为. 武术套路竞赛裁判操作指南 [M]. 北京：人民体育出版社，2008.
[109] 邱丕相. 武术初阶 [M]. 上海：上海教育出版社，2012.
[110] 邱丕相. 武术文化传承与教育研究 [M]. 北京：高等教育出版社，2011.
[111] 上海体育学院，国家体育总局武术研究院.中国武术研究——2010 年．国际传播卷 [M]. 北京：人民体育出版社，2010.
[112] 席庸. 太极拳与科学健康 [M]. 西安：西安交通大学出版社，2004.
[113] 《关于学校武术教育改革与发展的研究》课题组. 我国中小学武术教育状况调查研究 [J]. 体育科学，2009 (3).
[114] 鲍磊，赵彩红.《功夫熊猫》对中国武术国际化发展的启示 [J]. 武汉体育学院学报，2011 (4).
[115] 蔡仲林，施鲜丽. 学校武术教学改革的指导思想——淡化套路、突出方法、强调应用 [J]. 上海体育学院学报，2007 (1).

[116] 蔡仲林. 试论学校武术教学研究现状和发展趋势 [J]. 广州体育学院报，2005 (3).
[117] 柴新. 从哲学的角度论健身气功 [J]. 西昌学院学报·自然科学版，2010 (2).
[118] 昌沧. 五十载奋笔写拳经——记老武术家温敬铭教授 [J]. 中华武术，1984 (6).
[119] 昌沧. 武术进中小学难在哪 [J]. 体育文化导论，2003 (2).
[120] 陈超，李印东，王华锋，等. 我国优秀散打运动员攻防转换分类及特点研究 [J]. 北京体育大学学报，2009 (10).
[121] 陈文鹤，等. 木兰拳练习对女性高血压病患者红细胞变形性的影响——与红细胞膜脂质成分关系的初步研究[J]. 上海体育学院学报，2002 (2).
[122] 陈秀英，等. 六个月"健身气功·五禽戏"锻炼对中老年人注意力集中能力的影响 [J]. 北京体育大学学报，2006 (10).
[123] 陈永辉. 中国武术国际化再认识 [J]. 体育学刊，2006 (5).
[124] 成果. 太清功治好了我的肠胃病 [J]. 中国气功，1996 (7).
[125] 崔永胜，虞定海. "健身气功·五禽戏"锻炼对中老年女性身心健康的影响 [J]. 北京体育大学学报，2004 (11).

[126] 戴国斌. 乌托邦：武术技击的理想 [J]. 体育与科学, 2005 (3).

[127] 单怀海, 等.放松功治疗焦虑症 8 例疗效观察 [J]. 气功, 1987 (2).

[128] 董彬, 等. 气功把我们从毒品中拯救出来 [J]. 气功与科学, 1997 (10).

[129] 杜红燕. 木兰拳价值探析 [J]. 成都体育学院学报, 2002 (3).

[130] 段力佩. 对学校体育的看法和做法 [J]. 新体育, 1966 (2).

[131] 段力佩. 教海沉浮话甘苦 [J]. 上海教育, 1989 (4).

[132] 方方. 武术套路竞赛规则的回眸与思考 [J]. 成都体育学院学报, 2011 (2).

[133] 付芳. 太极拳对老年群体心理健康的影响 [J]. 搏击·武术科学, 2011 (8).

[134] 傅砚农. "文革" 中 "知青" 对农村体育的影响及其原因 [J]. 体育文化导刊, 2003 (10).

[135] 甘汉珍. 你可以不信, 我不能不信 [J]. 中国气功, 1994 (9).

[136] 高文彬, 新气功治癌 [J]. 中华气功, 1984 (3).

[137] 龚茂富. 新中国武术发展的演进与思考 [J]. 成都体育学院学报, 2009 (8).

[138] 龚有弟. 气功与生命 [J]. 气功与科学, 1998 (2).

[139] 顾留馨. 太极拳漫话 [J]. 新体育, 1979 (12).

[140] 顾清杭. 办好郭林气功班挽救广大病患者 [J]. 气功, 1997 (5).
[141] 顾一煌, 等. 健身气功锻炼提高心理健康作用的研究分析 [J]. 中外医疗, 2008 (30).
[142] 郭成吉, 等. 木兰拳动作特点及健身价值探析[J]. 中国临床康复, 2005 (8).
[143] 郭英杰. 有氧锻炼对中老年妇女抗氧化能力的影响 [J]. 沈阳体育学院学报, 2002 (4).
[144] 郭玉成. 跆拳道、空手道、柔道传播对武术传播的启示 [J]. 上海体育学院学报, 2004 (4).
[145] 郭志禹, 姜娟. 太极拳健康文化系统的研究[J]. 上海体育学院学报, 2006 (3).
[146] 洪浩. 武术段位制引入中小学教学必要性研究[J]. 北京体育大学学报, 2010 (7).
[147] 黄帝全, 陈小军. 中国散打与泰拳比较研究[J]. 广州体育学院学报, 2002 (4).
[148] 黄光华. 气功抗癌科研述评 [J]. 中国气功科学, 1997 (10).
[149] 黄强, 潘晓波. 我国散打运动发展回顾与展望[J]. 体育文化导刊, 2008 (11).
[150] 纪亚华. 这是一片神奇的土地 [J]. 当代体育, 1986 (6).
[151] 姜霞. 优秀武术套路运动员比赛状态焦虑及影响因素研究 [J]. 西安体育学院学报, 2009 (5).

[152] 蒋兴谊. 育才中学高中年级开设武术课的尝试 [J]. 上海武术, 1998 (1).

[153] 康戈武, 邱丕相, 戴国斌. 文化好奇到文化战略 [J]. 体育文化导刊, 2004 (6).

[154] 黎桂华. 我国青少年武术教育现状的调查研究[J]. 武汉体育学院学报, 2009 (9).

[155] 李成银. 徐才武术发展战略观点研究 [J]. 武当, 2003 (2).

[156] 李春木, 曲润杰. 我国优秀散打运动员"贴身摔"实战技术运用存在的问题及解决方法 [J]. 武汉体育学院学报, 2010 (3).

[157] 李风雷, 易剑东. 新中国武术运动的发展 [J]. 体育文史, 1998 (6).

[158] 李干奇. 学习中小学体育教学大纲的初步体会[J]. 体育教学与训练, 1978 (3).

[159] 李宏昌, 金燕. 提高散打侧踹腿击打力的力学理论基础及训练研究 [J]. 北华大学学报 (自然科学版), 2008 (4).

[160] 李杰. 武术与奥运会 [J]. 体育文史, 2000 (5).

[161] 李龙, 虞定海. 全球化时代中国武术教育发展的思考 [J]. 上海体育学院学报, 2009 (4).

[162] 李世宏. 论先秦"六艺"教育中的体育活动[J]. 南京体育学院学报, 2010 (2).

[163] 李卫平. 开展自编操活动, 培养学生的创新精神和实践能力 [J]. 中国学校体育, 2000 (5).

[164] 李小芳，王明伟．在学校开展全面的武术教育迫在眉睫［J］．搏击·武术科学，2008（1）．
[165] 李印东，王华锋，陈超．论实施新规则对散打技术体系的影响［J］．北京体育大学学报，2006（10）．
[166] 李兆伟．健身气功·五禽戏对血脂异常患者干预作用的研究［J］．广州体育学院学报，2009（4）．
[167] 林孔贻．习练香功的降压作用［J］．气功与科学，1997（7）．
[168] 林统．华夏智能气功中心举行建校十周年庆典[J]．中国气功科学，1998（12）．
[169] 刘洪福，等．健身气功·八段锦对医学院校大学生心境的影响［J］．医学与社会，2007（11）．
[170] 刘洪福，等．浅论健身气功对医学院校残疾学生身心健康的促进作用［J］．西北医学教育，2009（4）．
[171] 刘鹏．亟待加强的中学武术教学［J］．中华武术，1991（4）．
[172] 刘思萱，等．气功治疗292例慢性病疗效分析[J]．中华气功，1985（2）．
[173] 刘同为．十运会后武术套路竞赛规则修缮刍议[J]．搏击·武术科学2005（12）．
[174] 刘学谦．试析意、法、英、德武术人口习武动机及影响其形成的原因［J］．北京体育大学学报，1996（4）．
[175] 刘志珍．初级剑的教学方法［J］．学校体育，1984（2）．

[176] 鲁志文. 对中国武术散打与美国拳击对抗的研究 [J]. 四川体育科学，2004 (3).

[177] 骆红斌，林小美. 武术运动员赛前情绪及临场应对方式的研究 [J]. 中国体育科技，2006 (6).

[178] 吕韶钧，陈国荣，竺玉明，等. 高住高训低练对优秀武术散打运动员身体机能的影响 [J]. 北京体育大学学报，2010 (4).

[179] 吕韶钧，彭芳，宋勤，等. 中国、日本太极拳练习者锻炼效果主观评价的比较分析 [J]. 北京体育大学学报，2000 (3).

[180] 马敏跃，邹国建，胡望洋，等. 推进武术国际化发展的思考 [J]. 体育科学，2004 (8).

[181] 马笑红，郑宪. 统帅百万大军的木兰拳王应美凤 [J]. 中华儿女（海外版），1997 (3).

[182] 毛瑞秋. 优秀散打运动员侧踹腿技术的运动力学特征分析 [J]. 河北体育学院学报，2010 (4).

[183] 潘冬. 武术运动员的能量代谢特点及其生理生化测评 [J]. 武汉体育学院学报，2000 (4).

[184] 漆振光，赵光圣. 散打国际化研究 [J]. 体育文化导刊，2010 (9).

[185] 邱丕相，戴国斌. 弘扬民族精神中的武术教育[J]. 哈尔滨体育学院学报，2005 (4).

[186] 邱丕相. 从历史与现状探析民族传统体育学科的发展 [J]. 体育学刊：2008 (2).

[187] 徐海朋. 高校武术教学改革走向研究 [J]. 搏击·武术科学，2008 (9).
[188] 邱丕相. 对竞技武术运动员负荷强度与耐力水平的分析研究 [J]. 体育科学，1991 (4).
[189] 邱丕相. 对中国武术在世界体育中地位的透视研究 [J]. 天津体育学院学报，1998 (9).
[190] 邱丕相. 全球文化背景下民族传统体育发展的思考 [J]. 体育科学，2006 (8).
[191] 邱丕相. 我国中小学武术教育状况调查研究[J]. 体育科学，2009 (3).
[192] 邱丕相. 武术文化与教育研究的当代意义 [J]. 体育科学，2005 (2)：封三.
[193] 任涛. 木兰拳和应美凤 [J]. 青年一代，1991 (6).
[194] 任颖慧，等. 健身气功与现代人的心理健康[J]. 搏击·武术科学，2006 (10).
[195] 石华毕，翟少红. 学校武术的教育性与开展形式的反思 [J]. 西安体育学院学报，2010 (3).
[196] 石华毕. “标准化”视域下竞技武术散打技术发展窘境与改革思考 [J]. 成都体育学院学报，2012 (7).
[197] 石荣群，等. 健身气功与现代心理治疗 [J]. 大众科技，2008 (3).
[198] 释德慈. 诠释生命现象中的气功理论 [J]. 中国气功科学，1999 (8).
[199] 宋修亭. 气功能益智——从我的亲身经历谈起 [J]. 气功，1987 (4).

［200］孙鸿志，王岗．中国武术国际化传播的核心问题［J］．中国体育科技，2011（3）．
［201］陶冰．医生问他：你怎么活下来了［J］．中华气功，1991（1）．
［202］王本元．气功抗癌的自身体验［J］．中国气功科学，1994（3）．
［203］王岗．重构学校武术教育体系必须强化学科意识［J］．体育学刊，2009（1）．
［204］王健．气功对老年人情绪、睡眠的影响及老年练功人员个性探讨［J］．中国行为医学科学 1997（1）．
［205］王筱麟．加强武术科研 促进武术发展——《武术研究》序［J］．中华武术，2005（7）．
［206］王占春．谈谈我国中小学体育教材的建设［J］．学校体育，1983（1）．
［207］王振华．武术专项课的组织教学方法［J］．学校体育，1985（5）．
［208］尉静，等．气功结合中药治疗乳腺增生病 115 例临床观察［J］．气功与科学，1997（7）．
［209］魏真．武术套路教练员竞技状态调控方法的特征［J］．天津体育学院学报，2010（6）．
［210］吴廉卿．高水平男子散打运动员赛前力量训练［J］．武汉体育学院学报，2007（8）．
［211］伍绍祖．对武术及东方体育文化观的认识［J］．体育文史，1998（2）．

[212] 谢晓菊. 木兰拳运动对中老年妇女健康状况的影响[J]. 沈阳体育学院学报，2002（3）.

[213] 邢树强. 太极拳产业化发展的对策研究［J］. 北京体育大学学报，2005（2）.

[214] 熊永强. 气功导引、按摩治疗神经衰弱 120 例［J］. 按摩与导引，2005（3）.

[215] 徐守清. 中老年女性练木兰拳（I 路）的心电图实验研究［J］. 实验室研究与探索，2007（4）.

[216] 许朝瑛. 练功肿瘤消咽喉免开刀［J］. 中华气功，1991（1）.

[217] 杨慧馨，虞定海. 国内太极拳健身效果和机制研究进展［J］. 中国运动医学杂志，2009（6）.

[218] 杨建营，杨建英，郭远巧，等. 国家形象视角下的武术国际化推广研究［J］. 山东体育学院学报，2011（1）.

[219] 杨毅. 乳腺癌病灶不见了［J］. 中华气功，1984（4）.

[220] 佚名. 应美凤：木兰拳撑起女性健美一片天[J]. 中国经济快讯，1999（22）.

[221] 佚名. 自学成才的木兰拳教练［N］. 浙江老年报，2008-07-23.

[222] 于春岭，毕秀淑. 利用前排效应提高武术课差生成绩［J］. 中学学校体育，2002（1）.

[223] 于翠兰. 互联网在武术国际化传播中的现状与对策［J］. 体育文化导刊，2005（4）.

[224] 余志超. 新中国气功事业的开拓者 [J]. 中国气功科学，1999（10）.

[225] 虞定海. 6个月健身气功·五禽戏锻炼前后中老年人脂代谢变化 [J]. 中国运动医学杂志，2008（5）.

[226] 翟少红. 试论中小学武术教学改革的出路 [J]. 中国体育科技，2005（6）.

[227] 张彩琴. 健身气功健心机制初探 [J]. 山东体育学院学报，2008（4）.

[228] 张纯本. 访太极拳乡——陈家沟 [J]. 新体育，1982（6）.

[229] 张茂林，冯瑞，桑全喜. 武术套路竞赛规则的演变及其对武术发展的影响 [J]. 体育学刊，2006（1）.

[230] 张守升. 浅析健身气功防病治病机理与作用 [J]. 搏击·武术科学，2005（7）.

[231] 赵双进. 对八十年代武术工作的回顾与随想[J]. 体育文化导刊，2003（3）.

[232] 赵双进. 对八十年代武术工作的回顾与随想[J]. 体育文化导刊，2003（6）.

[233] 赵新华. 武坛耕耘五十秋——记武术家李天骥[J]. 中华武术，1985（5）.

[234] 赵影，虞定海. 太极拳对免疫系统影响的研究现状[J]. 中国运动医学杂志，2011（3）.

[235] 钟雅兰. 健身气功让我平时不锻炼的地方都锻炼了[J]. 中华养生保健，2005（3）.

[236] 周小青，张冬琴. 核心力量训练对提高散打运动员速度力量的实验研究［J］. 山东体育学院学报，2010（5）.

[237] 周小青，张冬琴. 新竞赛规则下散打技术的运用特点及发展趋势研究［J］. 北京体育大学学报，2011（9）.

[238] 朱东，郭志禹. 竞技武术 C 级跳跃难度的运动学特征研究［J］. 体育科学，2006（9）.

[239] 朱东，郭志禹. 武术套路跳跃中旋风脚及连接难度动作分析［J］. 上海体育学院学报，2008（1）.

[240] 朱育梅. 气功穴位按摩治疗糖尿病二十例疗效观察［J］. 中华气功，1985（2）.

[241] 编辑. 提出改进教学十好措施［N］. 体育报，1959-04-13（2）.

[242] 常少扬. "育才"老人话教改——访上海育才中学校长段力佩［N］. 人民日报，1983-12-29（5）.

[243] 段力佩. 育才中学体育活动充满青春活力［N］. 文汇报，1981-07-05（2）.

[244] 胡述之. 今日木兰拳操练［N］. 中国体育报，1994-09-25.

[245] 王静. 中日散打搏击对抗赛中国队实力占优［N］. 中国体育报，2007-12-17（4）.

[246] 王涛. 通过武术传播科学健身方法［N］. 中国体育报，2010-05-13（7）.

[247] 杨济泽，苏伦柱. 八千社会体育指导员推动全民健身［N］. 连云港日报，2010-02-25（1）.

[248] 佚名，张兰珍. 打出宝鸡木兰拳威风 [N]. 宝鸡日报，2008-01-04.

[249] 陈梅宝. 上海育才中学武术教育改革的研究：以口述历史为方法 [D]. 上海体育学院，2011.

[250] 晁改英. 太极拳锻炼的口述历史研究：以锻炼空间为视 [D]. 上海体育学院，2011.

[251] 戴国斌. 武术的文化生产 [D]. 华东师范大学博士后研究报告，2008.

[252] 卢玉. 建国以来中小学体育课武术教学内容的研究 [D]. 芜湖：安徽师范大学，2006.

[253] 周琴. 木兰拳发展的口述史研究 [D]. 上海体育学院，2011.

[254] 尤杏雪. 健身气功·六字诀对老年人生存质量影响因素的研究 [D]. 首都体育学院，2009.

[255] 张国良. 气功锻炼者的口述史研究 [D]. 上海体育学院，2011.

[256] 不可. 站桩使我走上健康之路 [EB]. http：//blog.sina.com.cn/s/blog_5da71e140100kyi7. html. 2010-09-07.

[257] 曹彧. 2012 年全国武术段位制工作会议于 8 月16 日在京召开 [EB]. http：//sports.sina.com.cn.2012-08-23.

[258] 唐伶俐. 郭林老师扶我走上康复路 [EB]. http：//guolinqigong.blog. 163.com/blog/static/ 1203140292010-0265272436/.2010-01-26.

[259] 佚名，程秀华. 木兰拳让我更健康更年轻［EB/OL］. http：//press.idoican. com.cn/detail/articles/20091229577B024/. 2009-12-29.

[260] 佚名. 木兰拳扇舞三年，找回久违的健康［EB/OL］. http：//mulanshan. blog.bokee.net/bloggermodule/ blog_viewblog.do?id=1816897.2008- 05-22.

[261] 佚名，于敏华. 快乐“木兰拳”［EB/OL］. http：//news.xinhuanet.com/politics/2008-10/30/content_102-78837. htm.2008-10-30.

[262] 袁萍. 抗癌健身法重燃她生命之光［EB］. http：//guolinqigong. blog. 163.com/. 2011-01-11.

[263] 钟达元. 练郭林新气功、走十年康复路［EB］. http：//guolinqigong.blog. 163.com/.2011-01-07.

[264] 周根发. 精武体育作为非物质文化遗产的开发与保护［EB/OL］. http：//blog.eastday.com/zhougenfa/art/1206817. html. 2010-12-07.

图书在版编目(CIP)数据

新中国武术发展的集体记忆：一项口述史研究 / 戴国斌著. - 北京：人民体育出版社，2016
ISBN 978-7-5009-4921-3

Ⅰ.①新… Ⅱ.①戴… Ⅲ.①武术-体育运动史-研究-中国
Ⅳ.①G852.092

中国版本图书馆 CIP 数据核字（2016）第 019017 号

*

人民体育出版社出版发行
三河兴达印务有限公司印刷
新 华 书 店 经 销

*

850×1168 32 开本 8.5 印张 200 千字
2016 年 7 月第 1 版 2016 年 7 月第 1 次印刷
印数：1—1,500 册

*

ISBN 978-7-5009-4921-3
定价：35.00 元

社址：北京市东城区体育馆路 8 号（天坛公园东门）
电话：67151482（发行部） 邮编：100061
传真：67151483 邮购：67118491
网址：www.sportspublish.com
（购买本社图书，如遇有缺损页可与邮购部联系）